Gouvernement général de l'Afrique occidentale française.

NOTICE

SUR LA

RÉGION DE TOMBOUCTOU

SAINT-LOUIS

IMPRIMERIE DU GOUVERNEMENT

1896.

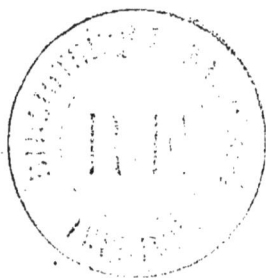

NOTICE

SUR LA

RÉGION DE TOMBOUCTOU

NOTICE

SUR LA

RÉGION DE TOMBOUCTOU

HISTOIRE DE TOMBOUCTOU DEPUIS LES ORIGINES

JUSQU'A L'OCCUPATION FRANÇAISE

La principale source de documents que nous possédions sur la vieille histoire de Tombouctou, est un manuscrit écrit vers le milieu du XVIIe siècle par un lettré de Tombouctou sur Ahmed-Baba qui fut emmené prisonnier au Maroc. Ces annales qui portent le titre de *Tarich es Soudan* sont écrites en langue arabe et s'arrêtent à l'année 1640.

Royaume de Ghanata.

Le royaume le plus ancien de toute la région du Niger fut celui de Ghana ou Ghanata, qui était habité par des Foulbé et dont la capitale, d'après Barth, se trouvait à l'Ouest de Tombouctou par le 18ᵉ degré de latitude et le 5ᵉ de longitude occidentale.

La partie centrale du Ghanata s'étendait entre le Sénégal supérieur et le Niger. Ce royaume fut fondé trois siècles après Jésus-Christ et il avait compté 22 princes à l'avénement de l'islamisme. La religion nouvelle y pénétra de bonne heure. Au Xᵉ siècle, la capitale du Ghanata possédait un vaste quartier musulman, où se trouvaient douze mosquées.

Royaume de Songhay.

Vers le VIIᵉ siècle, s'était élevé sur les rives du Niger-Moyen, mais plus avant dans l'Est, un nouveau royaume, celui des Songhay. Ahmed-Baba nous a laissé complètement ignorer leur origine première, mais maintes traditions nous engagent à la chercher, soit vers les nombreux bras du Niger, en avant de Tombouctou, soit vers Bourroum. Leur première capitale fut Koukia, près du Gogo actuel.

La première dynastie Songhay vint de l'Orient, soit que Sa, son fondateur, fut originaire de l'Yemen en Arabie, soit qu'il appartint à la race berbère. Le royaume de Songhay grandit vite. Bientôt aux environs de Koukia, la capitale, s'éleva la grande place commerciale de Gogo, qui, dès la fin du IXᵉ siècle, était en relations avec Ouargla, le centre de commerce le plus ancien qui ait existé au Nord du désert. Vers l'an 1000, le quinzième roi Songhay embrassa l'islamisme et Gogo remplaça la vieille capitale Koukia.

Royaume de Melle.

Cependant la puissance du royaume de Ghanata décroissait : vers 1200, il ne put résister à une attaque des Soussou, tribu alliée aux Mandingues. Enfin, vers 1230, le Ghanata fut conquis par le puissant empire de Melle ou Mali. Nous ne savons encore rien sur ses origines. Tandis que Barth place sa capitale à deux jours de marche au Nord-Nord-Est de Nioro, Binger pense en avoir trouvé les ruines près de Nyamina. Il est du moins certain qu'il fut fondé sur le Niger-Supérieur. En 1230, les gens du Melle chassèrent les Soussou du Ghanata.

Le plus grand roi du Melle fut Mansa-Moussa ou Kounkour-Moussa, qui régna de 1311 à 1331. Il conquit toutes les rives du Niger-Moyen et en 1326, s'empara du Songhay, de Gogo, sa capitale, et de Tombouctou. Une seule ville lui résista : ce fut Djenné, qui, fondée vers le milieu du XIᵉ siècle, jouissait déjà à cette époque d'une grande importance commerciale. Tombouctou vit sa prospérité s'accroître après son incorporation au royaume de Melle. C'est Mansa-Moussa qui construisit la grande mosquée de Djinguere-Ber.

Fondation de Tombouctou.

Tombouctou avait été fondée, en effet, vers 1100 par une fraction des Touaregs (Inoshar), mais il est certain que dès le début, la majeure partie des habitants se composa de noirs Songhay. La forme primitive du nom « Tombouctou » signifie «cavité» en Songhay, ce qui semble s'appliquer aux dépressions circulaires existant dans les dunes de la contrée. Barth dit que les Arabes en firent Timbouctou, mais aujourd'hui on prononce généralement Tombouctou.

Les deux premiers siècles de son histoire nous sont inconnus. Quand elle fut conquise par Mansa-Moussa, sa prospérité était loin d'égaler celle de Oualata. Son rapide essor faillit être brusquement arrêté par une invasion des païens du Mossi, qui la mirent à feu et à sang. La ville resta sept ans indépendante et rentra ensuite dans la dépendance du Melle, dont le roi Mansa-Moussa la releva de ses ruines.

En 1350, le célèbre arabe Ibn-Batouta la visita. Ibn-Batouta était de Tanger, il commença en 1325 ses voyages qui durèrent 30 ans à travers l'Asie et l'Afrique. Pour venir au Soudan, il partit, probablement du Tafilelt, parvint à Téghazza, l'ancienne ville du sel avant Taoudenit, de là, il gagna Oualata et la fameuse Mali, capitale de l'empire de Melle. De Mali, il gagna Tombouctou et Gogo en descendant le Niger.

Ce fut vers 1373 que Tombouctou fut connue pour la première fois en Europe par un travail géographique espagnol, nommé « Mappamondo Catalan » où la ville figure sous le nom de « Timboutsch ».

Cependant la puissance de l'empire de Melle déclinait. Vers 1433, il n'avait pu empêcher les Berbères de s'emparer de Tombouctou. Enfin en 1464, Sonni-Ali monta sur le trône du Songhay. Ce fut lui qui provoqua la chute du royaume de Melle. En 1469, il entra à Tombouctou et livra la ville au pillage. Elle se releva vite de ce nouveau coup et son entrée dans la domination du Songhay accrut son importance commerciale. Sonni-Ali étendit ses conquêtes dans tout le bassin du Niger et s'empara de Djenné qui n'avait jamais dépendu du Melle. Comme tous les conquérants noirs, Sonni-Ali signala ses victoires par d'affreux massacres. A sa mort, en 1492, une dynastie nationale, celle des Askia remplaça la dynastie étrangère de Sa.

Mohammed Askia.

Mohammed-ben-Abou-Baka, Mohammed-Askia fut le premier roi de cette dynastie, et le plus grand roi du Songhay. Il rendit la paix à ces malheureuses contrées et entreprit un pélerinage retentissant à la Mecque. A son retour, il conquit tout le royaume de Melle, fit une expédition sur Agadés, et plusieurs dans l'intérieur de la boucle du Niger. Son empire s'étendit du Haoussa aux côtes de l'Atlantique et du Mossi jusqu'au Touat.

Ce fut l'apogée du Songhay. Ce conquérant était en même temps un ami des lettres. Il protégea les savants et les lettrés musulmans et poussa la civilisation à un degré assez avancé.

Barth pense que Mohammed-Askia nous offre l'exemple du plus haut degré du développement intellectuel dont semble susceptible la race noire. Les dernières années d'Askia furent pourtant attristées par des dissensions intestines, et il fut contraint d'abdiquer en 1529, après un règne de 36 ans.

La Conquête marocaine.

Deux causes allaient bientôt amener la décadence du Songhay : d'une part, les compétitions au trône des nombreux princes de la famille royale, et les guerres civiles qui s'ensuivirent, de l'autre, la lutte avec le Maroc. Elle éclata au sujet de la possession des salines de Téghazza (ou Taraze).

La première armée marocaine arriva jusqu'au Tagant, mais harcelée, manquant de vivres et d'eau, elle fuit, son chef El-Hadrani fut tué, son tombeau se voit encore dans le Ksar des Attars (dans l'Adrar). Les marocains qui ne furent pas tués, furent faits prisonniers par les Maures, les descendants de ces prisonniers sont aujourd'hui réunis à Karouga au Nord-Ouest de Goumbou, sous le nom d'Aramans. Les marocains réussirent pourtant à occuper les ruines que l'on commença à cette époque à abandonner pour celles de Taoudénit. En 1588, une autre armée conduite par le pacha Djodar, traversa le désert, mit en fuite l'armée du Songhay, et entra à Gogo, puis à Tombouctou. Les marocains firent alors abattre, dit-on, pour construire une flotte, tous les arbres de la ville Les derniers débris du vaste empire résistèrent encore quelque temps, pour disparaître enfin. Des garnisons marocaines occupèrent les villes importantes, et s'y fixèrent par les mariages des guerriers avec les femmes du pays. De ces unions sortit une classe de la population connue encore aujourd'hui sous le nom de « Rouma ». Les contrées du Niger étaient donc devenues une province du Maroc qui tomba bientôt au pouvoir exclusif des Rouma. Ceux-ci se séparèrent de leur ancienne patrie, mais n'obéissant pas à un seul chef, groupés en communautés aristocratiques peu disciplinées, ils ne purent résister à un nouvel ennemi, les Touareg.

La Conquête touareg.

Nous étudierons plus tard ce peuple pour ne pas interrompre ce récit rapide.

Dans le courant du XVIIIe siècle, les *Aoullimmiden* s'emparèrent des deux rives du Niger en aval de Tombouctou, qui devint plus ou moins indépendante. Sa prospérité commerciale avait encore grandi avec la ruine des villes rivales du Songhay. Sa réputation s'affirmait comme centre de la littérature musulmane et de la vie religieuse. Il s'y trouvait réuni des trésors littéraires eu égard au pays et à l'époque. Ahmed-Baba, qui nous a laissé une longue nomenclature de savants de son pays, et qui offre lui-même un remarquable exemple de la science cultivée alors à Tombouctou, possédait une bibliothèque renfermant seize cents livres ou manuscrits. Quoiqu'il en soit, il est bien certain que la célébrité de Tombouctou atteignit des proportions exagérées, et ce, par la description fantastique d'un consul anglais au Maroc nommé Jackson.

Cependant si, après la ruine du Songhay, le commerce des pays riverains du Niger moyen se concentra à Tombouctou qui devint ainsi le but unique des caravanes venant du Nord, les circonstances politiques n'offraient plus assez de stabilité pour permettre à ces conditions favorables de produire toutes les conséquences qu'on aurait pu en attendre. Au milieu de l'anarchie qu'avaient amenée les rivalités des Rouma, en butte aux exactions des Touaregs, menacée au Sud par les Bambaras et par les Foulbé. Tombouctou ne se trouvait pas dans une situation normale.

Invasion des Foulbé.

Elle était parvenue cependant à se maintenir comme place de commerce, lorsqu'en 1825, sa conquête par les Foulbé fanatiques du Macina faillit anéantir son activité commerciale. Pour se défendre les marchands ghadamésiens réussirent à faire venir de l'Azouad à Tombouctou un marabout Kounta vénéré El-Mokhtar, frère aîné du fameux El-Bakay.

Les Marabouts Kounta.

Nous voyons ainsi paraître un troisième élément qui va se servir des Touareg pour lutter contre les Foulbé. En 1844, les Foulbé furent chassés de Tombouctou par les Touaregs et vaincus sur les bords du Niger dans une grande bataille. La situation de la ville n'en devint pas meilleure, car Tombouctou, située aux confins du désert, ne peut se suffire à elle-même et a toujours dépendu du Macina, qui peut l'affamer.

La situation fut sauvée par le Cheikh El-Bakay qui, en 1846, fit conclure une convention en vertu de laquelle Tombouctou était soumise aux Foulbé, mais sans être occupée militairement. Les impôts étaient recueillis par deux cadis, l'un Peulh, l'autre Songhay. Mais les Touareg n'en conservèrent pas moins une grande influence, et El-Bakay s'appuya sur eux pour résister aux envahissements des Foulbé. Telle était la situation de la ville, lorsque l'illustre voyageur Henri Barth y arriva le 6 septembre 1853.

Ce n'était pas le premier Européen qui mit le pied dans la fameuse cité du désert. En 1630, un matelot français Paul Imbert, prisonnier des Maures y fut amené comme esclave, mais il ne revit pas la France et son voyage forcé n'a aucune valeur pour l'histoire des découvertes en Afrique.

Voyage de Mungo-Park.

En 1805, le fameux écossais Mungo Park passa à Kabara, mais sans voir Tombouctou. Dans un premier voyage en 1795, il était parti de la Gambie anglaise et avait atteint Ségou et Sansanding. En 1805, il gagna de nouveau Sansanding avec une véritable expédition et s'y embarqua sur une grosse pirogue pour descendre le Niger. Il dut s'ouvrir un passage en combattant au lac Débo, à Kabara, à Bourroum. Enfin, l'intrépide voyageur trouva la mort dans les rapides de Boussa, au cours d'un dernier combat.

Voyage de Laing

En août 1826, le major anglais Gordon Laing parti de Tripoli atteignit Tombouctou, en passant par Ghadamès, le Touat et Oualata.

Après un court séjour dans la ville, il se dirigea sur Araounan pour rentrer en Europe, et fut étranglé par ordre du chef des Bérabich. Ses papiers furent dispersés, et son voyage n'eut encore aucun résultat géographique.

Voyage de René Caillé.

Il était réservé à un Français d'apporter la première description *de visu* de Tombouctou. Deux ans après Laing, en effet, René Caillé, né en 1799, à Mauzé dans le Poitou, partait de Sierra-Léone, presque sans ressources. Avec une caravane, il gagna à pied Cambaya, Kouroussa, Kankan, Sambatiguila, Djenné, Timé, où il faillit mourir du scorbut. Enfin, il atteignit Djenné aux prix d'épreuves inouïes et grâce à une énergie indomptable. Il s'y embarqua sur une pirogue qui le mena à Kabara, d'où il gagna Tombouctou, le 20 avril 1828. Il y séjourna jusqu'au 4 mai. Malgré les conditions défavorables où il s'y trouvait sans appui, sans ressources, obligé de se cacher pour prendre ses notes, il rapporta pourtant de nombreux renseignements sur l'aspect de la ville, ses rues, ses maisons, ses mosquées ; il étudia sa population, ses mœurs, son commerce, les Touareg, les Maures, il recueillit enfin, le récit du séjour à Tombouctou et de la mort lamentable de son malheureux prédécesseur.

Rentré en France par Araouan, Taoudénit, Tendouf, Fez et Tanger, Caillé vit émettre des doutes sur son voyage surtout en Angleterre où l'on ne voulait pas admettre qu'un pauvre Français eût réussi, là où un brillant officier anglais avait échoué.

La Société de géographie de Paris défendit énergiquement Caillé et sa véracité fut démontrée d'une façon éclatante quand Barth pénétra, à son tour dans Tombouctou et confirma ses récits.

Voyage de Barth.

Le docteur Henri Barth fut, sans doute, le premier qui se livra à l'exploration scientifique moderne, et ce voyage de plus de cinq années, par la fécondité des ses résultats de toute sorte, par l'étendue de ses découvertes, n'a peut-être pas été dépassé. Nous nous bornerons à une esquisse rapide de son itinéraire. Chargé, en 1849 avec son compatriote Owerweg, d'une mission sous la conduite de l'anglais Richardson, il quitta Mourzouk, au commencement de 1850, avec ses compagnons. Ils visitèrent ensemble Rhat et Agadés. Puis les trois voyageurs se séparèrent, Richardson se dirigea vers le Tchad mais mourut sans l'atteindre. Ower-weg explora le Guber. Barth descendit d'abord dans les Etats Haoussas et gagna Kano en passant pas Katsena. Après un séjour il marcha sur Kouka ou Koukaoua capitale du Bornou. De là, il rayonna de tous côtés, explora l'Adamaoua où il découvrit la Bénoué, le Kanem, le Baghirmi, dont il visita la capitale Massena. Revenu à Kouka, il y perdit son ami Owerweg et se décida à se rendre à Tombouctou.

Il traversa le Bornou et le Haoussa en passant à Sinder et à Katsena, visita les royaumes Foulbé de Sokoto et de Gando, passa le Niger à Say et traversa la boucle dans la direction du Nord-Ouest. Il atteignit de nouveau le fleuve à Sareyamou d'où il s'embarqua pour Kabara. Après un séjour accidenté qui dura plus de sept mois, il descendit le Niger par terre jusqu'à Say, rentra une dernière fois à Kouka, d'où il regagna Tripoli et l'Europe. Il avait couru pendant son séjour à Tombouctou les plus grands dangers, mais il avait trouvé un protecteur éclairé et sincère dans la personne du fameux marabout El-Bakay.

El Bakay.

Malgré l'autorité de ce dernier, Barth dut quitter plusieurs fois la ville devant les menaces des Foulbé fanatiques et se réfugier avec El-Bakay, dans les campements de ses amis touareg. Enfin, grâce à cet homme à qui il finit par être attaché par les liens d'une véritable amitié, Barth put éviter le sort de Laing, son ami l'accompagna à son retour jusqu'à Gogo.

El Hadj-Omar.

Peu après le départ de Barth, un nouvel ennemi apparut pour Tombouctou, El-Hadj-Omar. En 1862, en effet, El-Hadj venait de conquérir le Macina : le chef peulh de cet empire, Ahmadou-Ahmadou, vaincu, avait été décapité. El-Hadj connaissait la convention conclue en 1846, sous l'influence d'El Bakay, qui assurait aux Foulbé la moitié des impôts de Tombouctou. Il y envoya donc des troupes pour enlever tout ce que Ahmadou-Ahmadou pouvait y avoir en dépôt. L'opération se fit sans grosses difficultés. Mais dès l'année suivante, El Bakay entrait en correspondance avec les princes de la famille royale dépossédée du Macina. El-Hadj surprit une de ses lettres et pour se venger envoya contre

Tombouctou une grande armée sous les ordres d'un de ses meilleurs lieutenants Alpha-Oumar.

A son approche, El-Bakay fit évacuer la ville, puis quand les Foutankés s'y furent dispersés pour piller, les tribus touaregs et berbères s'y précipitèrent et en chassèrent l'ennemi. Alpha-Oumar avait subi de grosses pertes ; poursuivi dans sa retraite par Sidi-ben-Bakay, trouvant sur ses pas le Macina soulevé, il dut combattre pour s'ouvrir le passage. Victorieux dans un premier engagement, il perdit dans la deuxième rencontre son butin et ses canons, enfin marchant de combats en combats il parvint à un jour et demi d'Hamdallahi, capitale du Macina. Là il fut tué et les débris de son armée dispersé.

Siège d'Hamdallahi et mort d'El Hadj.

La révolte s'étendit dans le Macina, El-Hadj-Omar subit dans Hamdallahi un siège de huit mois, après lesquels se voyant perdu, il s'enfuit de nuit avec quelques fidèles et se réfugia à Dégenbéné dans les montagnes.

Il envoya un parlementaire à Sidi-ben-Bakay demandant qu'on lui donna jusqu'à 2 heures de l'après-midi pour prendre sa décision. Mais il fut trahi par un Toucouleur nommé Ahmadi-Ismaïla qui vient dire à Sidi-ben-Bakay que El-Hadj le trompait et que des renforts arrivaient. Ben-Bakay porta aussitôt ses troupes en avant. El-Hadj alors se voyant perdu renvoya ses derniers compagnons, ne gardant avec lui que ses fils et quelques talibés. Acculés à l'entrée d'une grotte, ils se défendirent jusqu'à la mort. D'après les uns, El-Hadj se fit sauter, d'après une autre version, ses ennemis roulèrent un tonneau de poudre devant la caverne, y mirent le feu, et l'explosion broya El-Hadj et les siens.

Cette fin extraordinaire devait naturellement donner cours à la légende, et aujourd'hui encore les indigènes prétendent qu'El-Hadj n'est pas mort, qu'il se lèvera bientôt pour prêcher la guerre sainte. Personne n'ose s'aventurer du côté de la caverne où il a péri.

Puissance des Kountas. — La défaite et la mort du conquérant toucouleur avait grandi et porté au loin l'influence d'El-Bakay. Il envoya des troupes soutenir la révolte de Sansanding contre les Toucouleurs, et donna à cette ville comme gouverneurs plusieurs membres de sa famille, entre autres Sidi-ben-Bakay, le vainqueur d'Hamdallahi.

La domination des Kountas à Sansanding ne fut pas longue du reste. El-Bakay lui-même fut bientôt obligé de conduire des troupes au secours de la ville menacée par les Bambaras. Mais, arrivé à Kokri, il fut rappelé en arrière par les nouvelles qu'il reçut du Macina et sa retraite amena l'évacuation de Sansanding.

Tidiani. — Que se passait-il, en effet, au Macina ? Au moment où la famine contraignait El-Hadj à s'enfuir d'Hamdallahi, il avait envoyé son neveu Tidiani avec de l'or pour recruter des partisans. Tidiani revint avec de nombreux contingents ; mais il était trop tard, Hamdallahi était pris. El-Hadj mort, Tidiani rassembla les débris de l'armée toucouleure et avec toutes ses forces réunies attaqua ses adversaires. La guerre dura plusieurs années. La discorde éclata entre les Mancinankés de Balobo et les troupes de Sidi-ben-Bakay. Tidiani en profita pour les battre séparément en plusieurs rencontres. Le vieux marabout El-Bakay quitta Tombouctou pour venir prendre le commandement de ses troupes et rétablir ses affaires, mais il mourut en arrivant à Sirédina sur le Niger (1865). Avec lui disparut le prestige de sa famille compromis dans ces guerres malheureuses.

Décadence des Kountas. — Son fils, Sidi-El Mokhtar lui succéda et continua la lutte contre Tidiani. Après des alternatives diverses, il vint l'attaquer dans sa capitale, Bandiagara, fut repoussé et son armée détruite. Obligé de fuir vers Tombouctou, il perdit à jamais le Macina que Tidiani réduisit entièrement en son pouvoir par une série de guerres sanglantes (1864 à 1880). Sidi El-Mokhtar, abandonnant la politique de son père qui, pour repousser la domination des Foulbé, puis des Toucouleurs, s'était appuyé sur les Touareg, entra en lutte avec eux, soutenu par les Foulbé du Fermagha et du marigot de Diakha, rebelles à l'autorité de Tidiani. Il mourut à Akara, en 1878, au moment où il se rendait dans le Fermagha.

La puissance des Kounta éclipsée, Tombouctou retomba plus que jamais au pouvoir des Touareg près desquels la puissance religieuse passa des Kounta aux marabouts Kel-Antassar.

Le Kahia. — Sous le joug touareg, la plus haute autorité de la ville devint celle du «Kahia», c'est-à-dire du maire de la ville. Le premier qui occupa ces fonctions fut Mohamed-er-Rami, dont le pouvoir fut établi indiscutablement à la mort de Sidi-El-Mokhtar. Al-Kahia s'appuya sur les Touareg et sur la « Djemmaa», sorte d'assemblée de notables, composée des principaux commerçants. Ce fut lui qui protégea Lenz à son passage en 1880.

Voyage de Lenz.

Le docteur autrichien Oscar Lenz, parti du Maroc, se dirigea par l'Oued-Draa, Tendouf, Taoudenit, Araouan, sur Tombouctou où il fut très bien accueilli.

Les dangers pour Barth venaient surtout des Foulbé. Leur influence avait disparu au temps de Lenz. Le Kahia Mohamed-er-Ramí était un homme tolérant et les Touareg, alors tout puissants n'ont jamais été des musulmans fanatiques.

Lenz fut l'objet d'une grande curiosité, tant de la part des commerçants maures Tadjakants, Ghadamésiens, que des Touareg. Al-Kahia joue pour lui le rôle que El-Bakay avait joué près de Barth Lenz ne vit qu'une fois Abbidin, le fils d'El-Bakay, alors chef des Kounta. Le chef des Touareg, le maître incontesté de Tombouctou, était le chef des Tenguéréguif-eg-Fandagoumou : il vint voir Lenz, la veille de son départ, accompagné d'une escorte importante

Lenz estima à 20,000 le nombre des habitants de Tombouctou ; il semble que ce nombre soit exagéré, la ville ne contenant aujourd'hui que 5,700 habitants, Barth en avait évalué le nombre à 13.000. Il est peu probable que l'état d'anarchie où Tombouctou ne cessa de se débattre après la mort d'El-Bakay ait facilité l'accroissement de la population. Quoiqu'il en soit, Lenz, après un séjour de 18 jours, se dirigea sur Bassikounou. Il ne soupçonna pas l'existence du grand lac Faguibine, quoiqu'il ait passé par Ras-el-Ma, dont il signala les vastes étangs. Barth non plus n'avait recueilli aucune indication sur le lac. De Bassikounou, Lenz gagna Sokolo, Gombou, Nioro, Médine et Saint-Louis.

Après avoir décrit l'anarchie qui règne dans Tombouctou, les pillages des Touareg, les impôts prélevés sur les commerçants, au désert, par les Berabichs, sur le fleuve par les Foulbé, l'insécurité poussée au point, qu'il ne put voir Kabara, Lenz termine son ouvrage par cette conclusion : « L'antique querelle entre Foulbé « et Touareg ne sera terminée que lorsqu'une puissance, un « peuple d'Europe entrera en lutte. Si Tombouctou se retrouvait « un jour sous l'influence d'un Gouvernement puissant, elle pros- « pérerait de nouveau et les relations commerciales seraient plus « actives. Il semble que le cours du Niger doive être appelé à « jouer un rôle dans leur développement. »

Cette troisième puissance, ce peuple d'Europe allait être la France, établie depuis des siècles au Sénégal, et qui à ce moment même, commençait son puissant mouvement d'expansion. Lenz, en effet, rencontra sur le Sénégal, la première colonne expéditionnaire du Haut-Fleuve, qui allait fonder Kita et détruire Goubanko.

Dès 1883, un an après avoir atteint le Niger, l'on se préoccupait d'entrer en relations avec Tombouctou.

Première relation de la France avec Tombouctou. — Le commandant de Médine faisait parvenir une lettre au Kahia, par un Maure de Tombouctou nommé Abd-el-Kader, celui-même qui accompagna plus tard, le commandant Caron. El-Kahia répondit par une lettre adressée au Gouverneur de Saint-Louis, qu'il ne voulait pas qu'une armée vint dans la ville, mais qu'il recevrait bien un individu chargé de s'entendre pour le commerce.

Yahia-al-Kahia. — Al-Kahia-Mohamed-er-Rami mourut, en 1884 et fut remplacé par son fils Yahia, qui s'empara par la force du pouvoir, en armant ses captifs et en menaçant de mort les notables.

Yahia supprima la Djemmaa jusqu'alors chargée de payer les coutumes aux Touareg et aux autres chefs du pays de Tombouctou. En 1887, c'était Yahia qui acquittait directement les impôts en prélevant des droits du dixième à l'entrée et à la sortie de toute espèce de marchandises. Il avait une autorité plus grande que son père, en ce sens qu'il avait le droit de haute justice, mais plus que son père, il était le prisonnier des Touareg. Ces farouches pillards ne se contentaient pas, en effet, des impôts qu'ils prélevaient. Les environs de la ville, la route de Kabara n'étaient rien moins que sûrs. Les habitants n'osaient pas cultiver. Toutes les portes des maisons de Tombouctou portent la trace des coups de lance des visiteurs Touareg. A cet appel énergique toutes les portes s'ouvraient et le Targui prenait ce qu'il voulait à sa convenance.

Voyage du lieutenant de vaisseau Caron. — Les Touareg Tidiani et Abbidin se disputant la possession de la ville, à l'intérieur les Rouma, les commerçants et les Maures étant divisés, l'anarchie était complète, lorsqu'au mois d'août 1887, la canonnière le *Niger* vint jeter l'ancre devant Koriumé et fit flotter pour la première fois dans ces eaux lointaines les couleurs françaises. Plusieurs envoyés de Yahia, de Salsabile, frère de Lionarlish, alors chef des Tenguéréguiff vinrent saluer le commandant de la canonnière, mais celui-ci vit bien vite à leur attitude embarrassée, que tous se méfiaient et avaient peur. Konga, chef des Igouadaren, Allouda, frère de N'Gouna, chef des Kel Antassar, vinrent aussi voir le commandant de la canonnière. Les Tenguéréguiff, Igouadarem, Kel Antassar réunis en grand nombre dans la plaine de Kabara firent de vains efforts pour faire descendre à terre le commandant Caron. Celui-ci ne se laissa pas prendre au piège. Enfin, il reçut une lettre sans signature, ni cachet, mais émanant probablement de Yahia, dans laquelle les habitants et les Touareg se déclarèrent sujets du Maroc, et comme tels, disaient ne pouvoir entretenir avec nous aucune relation de paix, d'amitié ou de commerce tant que nous ne nous serions pas entendus avec le Sultan du Maroc. Il est probable que Tidiani, roi du Macina, que le commandant Caron avait été voir en passant à Bandiagara et qui lui avait interdit de monter à Tombouctou, ne fut pas étranger aux mauvaises dispositions qu'y trouva le commandant.

Tidiani avait, en effet, recouvré l'ancienne influence des Foulbé du Macina, surtout depuis qu'en 1885, il avait ruiné tout le pays usqu'à Kaïrétago et affamé Tombouctou. De plus, il était l'objet de la part des musulmans Tidiani d'une grande vénération religieuse.

.La canonnière n'avait plus qu'à s'en retourner, c'est ce qu'il fit, non sans que les officiers de la mission, le commandant Caron, le lieutenant Lefort et le docteur Jouenne n'aient pu remporter avec la carte hydrographique du fleuve, une ample moisson de documents de toutes sortes sur le Macina et sur Tombouctou.

Voyage du lieutenant de vaisseau Jaime. — Deux ans plus tard, le lieutenant de vaisseau Jaime recommença ce voyage, mais avec une extrême rapidité, il ne passa que deux jours à Koriumé, ne put communiquer avec la terre, et envoya aux Touareg quelques coups de canon-revolver. En 1883, le commerce de Tombouctou périclitait de plus en plus, la ville était véritablement ruinée par les Touareg. Salsabile, chef des Tenguéréguiff venait deux fois par an percevoir l'impôt que Yahia lui payait au moyen des coutumes du dixième. Mais en dehors de ces impôts réguliers, les vexations et les vols des Touareg dans la ville étaient continuels. Les gens de Tombouctou subissaient tout. « Nous sommes des femmes, disaient-ils ; les Touareg sont des hommes. »

De grands événements suivirent de près le voyage des canonnières. La prise de Koundian, (1889) celle de Ségou, (1890) de Nioro, (1891) avaient amené la chute de l'empire toucouleur. Ahmadou pourtant avait réussi à s'enfuir de Nioro, et était venu se réfugier chez le roi du Macina, qui était son frère Mounirou.

Ahamadou, roi du Macina. — A Tidiani, mort empoisonné en 1887, après le passage du commandant Caron, avait succédé son cousin Seydou-Abi, Tamsir, puis à la mort de celui-ci, Mounirou, frère d'Ahmadou, c'étaient les Habès autochtones qui l'avaient imposé aux Toucouleurs, que des émissaires d'Ahmadou travaillaient déjà. Mais il ne sut pas conserver le dévouement à sa personne dont ils venaient de faire preuve ; toutes ses attentions furent pour les Toucouleurs qu'il savait partisans d'Ahmadou et qu'il voulait se rattacher. Il n'y réussit pas. A l'arrivée d'Ahmadou, les Toucouleurs ne voulurent pas le soutenir, les Habès qu'il venait de mécontenter, l'abandonnèrent. Il dut se soumettre et céder à la place. Ahmadou dissimulant sa haine lui laissa la vie tout d'abord, mais le fit empoisonner quelques mois plus tard.

Il y avait un grand danger à laisser Ahmadou maître du Macina, où il devenait l'âme de toutes les révoltes. « Il fallait lui enlever, dit le colonel Archinard, l'ombre du prestige dont il jouissait encore, et pour cela le chasser du dernier royaume créé par son père, et le priver du concours des Toucouleurs que le fanatisme musulman, l'orgueil vis-à-vis des autres noirs, la haine contre nous maintenaient encore groupés autour de lui. »

Conquête du Macina. — *Aguibou.* En avril 1893, le colonel entrait à Bandiagara : le dernier royaume toucouleur avait vécu.

Aguibou, frère d'Ahmadou, fut installé comme roi du Macina, et un Français placé près de lui.

La chute du Macina laissait la route libre vers Tombouctou. Les gens de Djenné, à peine soumis, avaient demandé à grands cris qu'on ne séparât pas deux villes qui avaient toujours été réunies. Djenné et Tombouctou. Les Djennaukés écrivirent à Yahia une lettre pour l'inviter à établir l'accord eutre les Français de Djenné et les gens de Tombouctou. Yahia répondit que cet accord ne dépendait pas des gens de Tombouctou qui n'étaient pas libres, que Tombouctou était au pouvoir des Touareg et des Maures et que tous étaient sous l'autorité du sultan du Maroc, que les Touareg lui avaient écrit, et attendaient sa réponse. Au mois de mai, en effet, un maure de Tombouctou, Mohamed-el-Habib, était allé en ambassadeur réclamer la protection du Maroc. D'un autre côté, Tombouctou avait toujours payé des redevances à son roi peulh ou toucouleur. Aguibou allait donc se trouver en relations avec elle. Tombouctou devait par la force des choses tomber en nos mains. En quittant le Macina, le colonel Archinard se préoccupa seulement d'assurer les relations commerciales de Djenné avec Tombouctou, et donna pour cela aux canonnières l'ordre d'accompagner les pirogues du commerce jusqu'à Tombouctou. Mais il interdit toute action politique, voulant conserver entière sa liberté d'action pour la campagne prochaine suivant les ordres du Gouvernement.

Relations d'Aguibou avec Tombouctou. — Les relations d'Aguibou furent bonnes tout d'abord. Al-Kahia était disposé à continuer de payer le tribut habituel au roi du Macina. Le chef des Tengué réguiff Hamam-Aouab paraissait également rechercher l'alliance d'Aguibou. Puis brusquement un revirement complet se produisit et quand Aguibou voulut envoyer à Tombouctou un percepteur, ce dernier fut arrêté à Saraféré, et quelques hommes, par lesquels il s'était fait précéder, furent maltraités par les Touareg ; le changement d'attitude d'Hamam-Aouab (car Yahia-Al-Kahia subissait toutes ses volontés) était dû aux intrigues des marchands maures, dont beaucoup redoutaient de voir s'installer près d'eux des gens en relations avec les Français, à l'influence intolérable des marabouts Kel-Antassar et peut-être aussi à celle du chef de Dari-Dare-Salam, Abdoulaye-Gardoual qui nous était franchement hostile. Les relations se tendirent, et pour amener les Touareg à composition, Aguibou eut recours à un moyen déjà employé avec succès par les chefs du Macina : il interdit l'exportation des grains vers Tombouctou.

Situation de Tombouctou à la fin de 1893. — La famine menaçait donc de se joindre à l'anarchie. Les désordres croissaient sans cesse dans la ville, surtout depuis la mort de Tidiani qui y faisait encore sentir son autorité. Tous les habitants de Tombouctou désiraient être délivrés du joug Touareg, seulement les commerçants maures auraient préféré l'être par l'intervention du Maroc que par la nôtre. Mais le Maroc ne faisait que des réponses dilatoires à leurs avances. Au commencement de novembre 1893, Al-Kahia fut destitué par les notables, probablement à cause des nombreux créanciers qu'il avait ameutés contre lui, son frère Hamdia le remplaça. A la même époque, la guerre sévissait entre les Allouch et les Bérabich, qui coupaient les routes d'Araouan et de Mabrouk.

Une grande ville autrefois riche et florissante, reine du désert tant par l'activité de ses commerçants que par la science de ses lettrés, ayant triomphé des plus rudes épreuves sous la domination des empires noirs du Melle et du Songhay, puis sous celle du Maroc, des Foulbé, des Toucouleurs du Macina, était enfin devenue la proie des brigands touareg, et chaque jour avançait sa ruine.

Telle était la situation de Tombouctou au moment où la France allait intervenir par les armes.

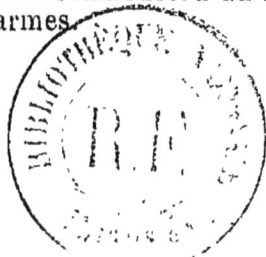

ENTRÉE A TOMBOUCTOU. — LA COLONNE BONNIER

ET LA COLONNE JOFFRE.

Le 16 novembre 1893, le lieutenant de vaisseau Boiteux quittait Mopti avec la flottille composée des canonnières le *Niger* et le *Mage* et de quelques chalands. Le 11 décembre il débarquait à Kabara et marchait sur Tombouctou avec quatre européens et vingt et un laptots. La petite troupe traînait avec elle un canon-revolver monté sur affût.

Le 12 décembre, il entrait dans la ville sans coup férir, la traversait toute entière et allait s'installer dans une maison du quartier de Sankoré située à l'angle Nord de la ville, point culminant déjà signalé par Barth. Les abords furent dégagés et la maison organisée défensivement.

La ville n'avait pas bougée du reste. Seul le Kahia et quelques-uns de ses partisans, s'étaient enfuis à Arouan. Le commandant Boiteux nomma chef de la ville, Alfa-Saydou, de la fraction des Tolba, âgé d'une soixantaine d'années.

Malgré sa mollesse il nous a rendu des services, et est encore aujourd'hui chef de la ville. Le commandant occupa encore une autre maison située au sud, et ayant des vues sur la route de Kabara ; il leva et arma quelques auxiliaires, et réussit à maintenir dans la ville l'ordre le plus complet.

Le 28 décembre, l'enseigne de vaisseau Aube, à qui avait été laissé le commandement des bâtiments, descendait à terre avec le second-maître Le Dantec et dix-sept laptots. Surpris sur la route de Kabara à Tombouctou au point appelé Our Oumaïra par une troupe nombreuse de Touaregs et de Maures, il succomba avec tous ses hommes. Le bruit de la fusillade parvint jusqu'à Tombouctou ; le lieutenant de vaisseau Boiteux sortit avec dix laptots, prit l'ennemi à dos, le mit en fuite et releva les corps. Une grande croix de bois dite croix d'Aube a été érigée à la place même où il tomba.

Le 10 janvier, à 6 heures du matin, la colonne fluviale du lieutenant-colonel Bonnier arrivait à Kabara. Le colonel, après une brillante campagne contre Samory, apprenant le mouvement de la flottille, et se rendant compte des dangers qu'elle courait, s'était décidé à la soutenir et à marcher lui-même sur Tombouctou.

·Il partagea ses forces en deux groupes : la première colonne, sous ses ordres, comprit l'état-major ; trois compagnies de tirailleurs soudanais (5e, 9e 11e).

6 pièces de canon :

2 pièces de 80 de campagne à 495 coups ;
2 pièces de 80 de montagne, à 495 coups ;
2 pièces de 4 de montagne à 552 coups.

La colonne emportait des munitions d'infanterie et dix jours de vivres. La colonne emportait trois cents pirogues de haute taille. Tous les chevaux et mulets étaient laissés avec la deuxième colonne, qui, sous les ordres du commandant du génie Joffre, devait marcher sur Tombouctou par terre, par la rive gauche du Niger et y rejoindre la première colonne.

Le 26 décembre, la colonne fluviale quittait Ségou, elle était le 31 à Mopti, où elle prenait la 4e compagnie venant de Bandiagara. De Mopti la colonne descendait le Koli-Koli et, marchant jour et nuit à travers les inondations, arrivait à Kabara le 10 janvier, à six heures du matin, ayant parcouru 700 kilomètres en seize jours.

Le débarquement commençait aussitôt et à 7 heures 30, le colonel se mettait en marche avec son état-major et les 5e et 11e compagnies. Le convoi et l'artillerie restaient provisoirement à Kabara, sous la garde de la 9e compagnie.

A onze heures, la petite colonne arrivait à Tombouctou, et bivouaquait sur une place située au sud-ouest de la ville. Une section de la 11e, sous les ordres du capitaine Sensarric, occupait de suite les deux maisons crénelées situées au nord et au sud de la ville et y remplaçait les laptots de la flottille. A quatre heures du soir, le lieutenant de vaisseau Boiteux quittait Tombouctou avec son monde et regagnait les bâtiments.

Des renseignements signalaient au colonel la présence de nombreux Touaregs aux environs, surtout dans le Sud-Ouest vers Goundam sur la route par laquelle devait arriver le commandant Joffre. Une reconnaissance était décidée dans cette direction. Dans la nuit du 11 au 12 le convoi et la 9e compagnie rejoignaient Tombouctou.

Le 12, à 6 heures 45 du matin, la reconnaissance sous les ordres du lieutenant-colonel, quitte Tombouctou, elle comprend :

Etat-Major :

Lieutenant-colonel Bonnier, de l'artillerie de marine, commandant supérieur p. i.,
Capitaine Regad, infanterie, H. C., chef d'état-major,
Capitaine Livrelli, artillerie de marine, H. C., sous-chef d'état-major,
Lieutenant Garnier, infanterie de marine, H. C.
Capitaine Sensarric, infanterie de marine, H. C.
Capitaine Nigote, du 2e régiment étranger,
Dr Grall, médecin de 1re classe de la marine,
Lenoir, vétérinaire en 2e, H. C.,

Acklouch, interprète militaire titulaire de 3ᵉ classe.

Infanterie :

Commandant Hugueny, chef de bataillon au Régiment de tirailleurs soudanais,

5ᵉ compagnie : capitaine Tassard, lieutenant Bouverot, 6 sous-officiers européens, 142 indigènes,

11ᵉ compagnie : 1 peloton, sous-lieutenant Sarda, 3 sous-officiers européens, 62 indigènes.

La reconnaissance marche dans l'ouest jusqu'à une heure de l'après-midi, bivouaque près de la mare de Tinguiba (21 kilom.) jusqu'à 6 heures du soir, et repart pour s'arrêter à 11 heures du soir.

13 janvier. — La reconnaissance part, marchant toujours dans l'ouest, à 5 heures 30 du matin ; elle rencontre à 8 heures le premier campement Touareg, et s'empare de 5 à 600 moutons, on marche toute la journée au milieu des campements. La reconnaissance s'arrête à 6 heures 30 du soir sur la limite des inondations du marigot de Goundam, en un point dit Tintcïlou. Elle a pris dans la journée plus de 300 moutons ou chèvres.

14 janvier. — Le bivouac est levé à 6 heures 15 du matin, le troupeau retarde la marche. A 2 heures, on arrive au campement Touareg de Massakoré. Un troupeau de 5 à 600 moutons est pris. Une section de la 5ᵉ, sous les ordres du capitaine Sensarric, poursuit un groupe d'une trentaine d'hommes et ramène quelques prisonniers, dont cinq femmes Touaregs. Ces prisonniers annoncent que les Touaregs (Tengueriguiffs et Kel Antassars) sont réunis au campement de Djindjin, près du village de Dongoï, et qu'il faut deux heures de marche pour atteindre ce campement.

Il est trois heures, le colonel laisse à Massakoré les hommes fatigués et le troupeau, sous la garde d'un peloton (1 section de la 5ᵉ et une section de la 11ᵉ), sous les ordres du sous-lieutenant Sarda, et il continue la marche sur Djindjin. Vers cinq heures, des cavaliers massacrent deux porteurs derrière la colonne, des cris se font entendre, des traces fraîches d'un fort troupeau de bœufs sont relevées. Tous ces indices font présager la proximité des campements. Conduite par les guides, la reconnaissance tourne à gauche vers le Sud, gravit une pente sablonneuse couverte de broussailles, et subitement se trouve à l'entrée d'un campement, évacué à peine depuis quelques instants, appelé Tacoubâo.

Le colonel fait fouiller le terrain sur la gauche par une section de la 5ᵉ, avec le lieutenant Bouverot ; sur la droite par les deux autres sections de la 5ᵉ avec le capitaine Tassard, et marche lui-même avec l'état-major et la section de la 11ᵉ, sur le point que les guides indiquent comme le centre du campement. Quelques hommes armés de lances et de sabres courts sont tués, quatre femmes sont encore prises.

Le sol est couvert d'épais buissons, de faux gommiers et de mimosas. La nuit vient. A 6 heures, le colonel s'arrête dans une petite clairière mesurant 200 mètres de long sur 100 de large. Des trouées la font communiquer avec deux autres situées, l'une à l'est, l'autre à l'ouest, à 100 et 150 mètres environ de la clairière centrale

Le colonel fait allumer des feux et sonner l'assemblée. A 7 heures et quart, les détachements du capitaine Tassard et du lieutenant Bouverot rallient. Celui-ci a eu devant lui des groupes armés, qu'il n'a pu atteindre, mais auxquels il a enlevé 800 moutons.

De son côté, le capitaine Tassard a tué quelques Touaregs et pris une centaine de bœufs.

L'ordre est donné de s'installer sur la place pour la nuit. Le peloton du lieutenant Bouverot (1 section de la 5e, et 1 section de la 11e) occupe la clairière de l'ouest, et est chargé de la garde des moutons. Le peloton du capitaine Tassard (2 sections de la 5e compagnie, occupe la clairière de l'Ouest et garde le troupeau de bœufs. L'état-major, les guides, les prisonniers, s'installent dans la clairière du centre sous la protection d'un petit poste de 1 caporal et 4 tirailleurs. Le capitaine Tassard a placé ses deux sections en avant du parc de bœufs, les faisceaux sur deux lignes à six pas l'une derrière l'autre, une sentinelle devant les armes, un petit poste de quatre hommes en avant. Le lieutenant Bouverot a placé ses deux sections en ligne derrière le parc aux moutons, et formé le faisceau contre la clôture.

La nuit se passe sans accidents, mais quelques instants avant l'aube, à l'heure où le colonel Bonnier, debout, ainsi que ses officiers, allait prendre ses dispositions de départ, une centaine de cavaliers Touaregs et d'innombrables fantassins guidés par le hennissement des chevaux, découvraient l'emplacement de nos troupes et se jetaient sur elles avec la violence extraordinaire qui est le propre de leur manière de combattre. Nos sentinelles en éveil renversèrent les premiers assaillants sans pouvoir arrêter ce choc. Après une courte et vaillante résistance dans laquelle plusieurs chefs Touaregs et un grand nombre de guerriers furent tués ou grièvement blessés, nos tirailleurs, inaccoutumés à ces luttes nocturnes et au corps à corps furent dispersés, tandis que le commandant de la colonne, entouré de tous ses officiers, tombait fièrement avec eux sous les coups de l'ennemi.

Seul, le capitaine Nigote put s'échapper, blessé d'un coup de sabre à la tête; renversé par un cheval au début de l'action, il ne revint à lui que pour se rendre compte du désastre. La lutte avait cessé, les Touaregs étaient occupés à piller Il parvint à traverser les inondations et à rejoindre l'arrière-garde à Massakoré.

Des tirailleurs affolés, sans armes, l'y avaient précédé. Il prit le commandement, et croyant qu'avec une troupe aussi faible et aussi impressionnée, ils ne pouvaient retourner sur le champ de l'action relever les corps, il se décida à la retraite, abandonnant le troupeau de prise qu'il ne pouvait garder, il se mit en marche à midi sur Tombouctou qu'il atteignit le 17, à 10 heures du matin, sans avoir été inquiété.

On fit l'appel. Les pertes étaient de :

Etat-major. — 8 Officiers tués :

Lieutenant-colonel Bonnier, capitaine Regad, capitaine Livrelli, capitaine Sensarric, lieutenant Garnier, docteur Grall, vétérinaire Lenoir, interprète Acklouch.

Troupe. — 3 Officiers, 2 sous-officiers et 67 tirailleurs tués : Commandant Hugueny, capitaine Tassard, lieutenant Bouverot, sergent Etesse, sergent Gabriel.

D'après les renseignements recueillis plus tard, les Touaregs auraient perdu une cinquantaine d'hommes. Nous avions eu affaire aux Tengueriguiffs et à leurs vassaux les Imededgen, aux Kel-Antassars et à quelques Irréganaten.

A Tombouctou, le capitaine Philippe prit le commandement de la ville. Les Touaregs ne risquèrent pas une attaque. Le 13 février, la deuxième colonne arrivait à Tombouctou.

La colonne nº 2 fut constituée à Ségou, le 25 décembre, avec les 10e et 12e compagnies, soit 215 fusils ; le 2e escadron de spahis soudanais et 30 spahis auxiliaires, soit 130 sabres ; 2 sections de 80 de montagne. Au convoi qui comportait 650 porteurs se trouvaient avec les vivres 20,000 cartouches de réserve et 300 coups de 80 de montagne. Les chevaux et mulets de la première colonne suivaient le convoi. Cette circonstance explique comment les Touaregs, pour qui la force d'une troupe réside surtout dans le nombre de ses chevaux, prirent la deuxième colonne comme la plus importante.

La journée du 27 fut employée au passage du fleuve, la colonne atteignit Tellé, à 141 kilomètres de Ségou, le 3 janvier. Ne pouvant suivre, à cause des inondations, le chemin qui va directement à Sompi, par les ruines de Gardio et par Diartou, elle dut prendre, pour gagner Ouldiabé, à quelques kilomètres de Nampala, un mauvais sentier sur lequel ne se trouvaient que deux points d'eau, à Dioura 4 puits, à Boulari un seul puits à 6 mètres de profondeur. Ce fut la plus rude partie de la route. La colonne souffrit terriblement de la soif, des porteurs périrent. On ne put atteindre Ouldiabé (112 kilomètres de Télé) que le 7 janvier. Le convoi n'arriva que le lendemain soir, grâce au convoi d'eau qu'on lui envoya d'Ouldiabé.

La colonne resta dans ses campements jusqu'au 10 janvier pour donner aux troupes un repos nécessaire et reconstituer les approvisionnements.

De Ouldiabé (Nampala) à Sampi, la route directe passe par Diabata, Léré, Manguima, Diartou ; mais elle était couverte par les inondations et la colonne fut forcée d'en suivre les bords, les guides n'étant pas assez sûrs pour permettre de s'éloigner de l'eau. Le 16 janvier, après de nombreux détours, la colonne atteignit ainsi Sompi. Les Touaregs, prévenus par notre vieil ennemi El-Hadj-Bougouni, venaient de quitter le pays.

A Sompi, le chef du canton, Abdoulaye, vint se mettre sous la protection du commandant Joffre et lui demanda de l'accompagner jusqu'à Tombouctou. Il en fut de même de Sididio, héritier du canton du Aoussa-Kattewal, et de Assoumana, chef de Niodougou. Ces chefs rendirent de réels services dans la marche sur Goundam.

A partir de Sompi, la colonne entrait en pays touareg.

Dans toute cette région du Aoussa-Kattawal, du Soboundou-Samba, du Tioki, du Killi, du Kissou qui s'étend de Diartou à Tombouctou, la colonne a affaire à deux populations bien différentes, d'une part, les gens cultivant le sol ou paissant leurs troupeaux, de l'autre des Touaregs qui les exploitent. La population laborieuse se compose de Foulbés pasteurs, de Bambaras et de Sarakolets cultivateurs, de Djennankés cultivateurs et commerçants, de Maures pasteurs et commerçants.

Tout le canton du Aoussa-Kattaoual était venu faire sa soumission au commandant Joffre. Il semblait qu'il dût en être de même du canton de Niafounké. Le commandant trouvait en effet le 19 janvier en entrant à Tendidaro sur le territoire de Niafounké, deux envoyés du chef Nionkou, qui lui font livrer le mil et les moutons nécessaires à la colonne

Mais, sur ces entrefaites, la nouvelle du désastre de Tacoubâo parvenait aux gens de Niafounké et les déterminait à la résistance. Laissant le gros de ses forces à Tondidaro, le commandant se décide à marcher le 20 sur Niafounké, avec la 10e compagnie de tirailleurs, un peloton de spahis et une section de 80. Mais on a trois marigots à franchir, dont l'un a 2 kilomètres de largeur, et en certains endroits 1m 20 de profondeur. Au premier marigot il faut laisser les chevaux et les pièces.

La 10e compagnie continue seule la marche ; à 10 heures 50, elle arrive en vue de Niafounké.

Les guerriers sont en ligne devant le village au nombre de 400 environ. Le 1er peloton ouvre le feu et se porte en avant, le 2e restant en réserve. Au premier feu de salve les gens de Niafounké se précipitent, quelques-uns viennent se faire tuer à 25 pas des tirailleurs. En même temps un groupe de cavaliers essaie de nous tourner par notre droite, mais le lieutenant Frère-Jean fait face à droite avec une section et les arrête net par des feux de salve.

L'attaque de front quoique menée avec une grande vigueur est aussi arrêtée. L'ennemi fuit, laissant une centaine de morts sur le terrain, Nionkou, quoique blessé au bras, réussit à s'échapper. Aucun mal n'est fait aux femmes et aux enfants restés dans le village. Aussi les habitants y revinrent bientôt, malgré Nionkou, et le dépeuplement du canton fut ainsi évité. Après la pointe sur Niafounké, la colonne continue sa marche dans le canton d'Atta, dont le chef Ali-Habana est invité à venir trouver le commandant On l'attend à Mékoré pendant toute la journée du 24 janvier. Le 25 à 2 heures du matin l'escadron de spahis part, laisse un peloton à Korango et arrive à Atta à 6 heures. L'infanterie et l'artillerie qui suivent s'arrêtent à Korango.

Les spahis trouvent les villages abandonnés, mais ils contiennent assez de grains pour ravitailler le convoi, qu'ils rejoignent le soir au campement qu'il n'a pas quitté. A minuit, les spahis auxiliaires et un peloton de tirailleurs partent sous les ordres du capitaine Pouydebas pour aller surprendre les pirogues qui servent au passage du marigot de Goundam; toutes les pirogues ont été détruites et les Touaregs sont rassemblés de l'autre côté du marigot. Les meilleurs nageurs se mettent à l'eau, mais le fleuve a 300 mètres de large, le courant est très rapide. Le passage à la nage est impossible. Le gros de la colonne rejoint le détachement devant Goundam, le 26 janvier à 4 heures du soir.

Les reconnaissances faites aux environs démontrent l'obligation de passer le marigot à Goundam et par conséquent de trouver des pirogues.

Une colonne légère composée de l'escadron, de la demi compagnie Puypéroux part le 27 à 6 heures du soir sous les ordres du capitaine Prost, avec mission de se porter à Tendirma, par la route qui longe le versant Est de la montagne de Fati. Ce point étant assez éloigné, il y a des chances pour que les habitants s'y trouvent encore, une partie tout au moins, avec quelques pirogues.

Le détachement du capitaine Prost arrivait à Tendirma à 4 heures du matin, après avoir marché toute la nuit. Le village est presque abandonné, on y trouve pourtant trois pirogues avec lesquelles le capitaine Puypéroux, le lieutenant Robillot et une vingtaine de tirailleurs et de spahis passent dans l'île où les habitants de Tendirma et de villages voisins se sont réfugiés avec leurs grains et leurs troupeaux. Reçue à coups de fusils, la petite troupe riposte et débarque. Les deux sections de tirailleurs passent alors l'île, une quatrième pirogue est saisie, les approvisionnements sont rassemblés. Le 31 janvier, à 6 heures du soir, le capitaine Prost est de retour avec son détachement, du mil, 750 moutons et les 4 pirogues chargées sur 200 porteurs.

A la vue des pirogues, les Touaregs poussent des clameurs et se rassemblent. Quelques coups de canon les dispersent et ils s'enfuient vers le Nord pendant la nuit.

Toute la journée du 1er février est employée au passage. A 11 heures, un courrier du capitaine Philippe apprend la catastrophe de Tacoubâo et l'arrivée à Goundam par eaux de la flotille, d'une compagnie et demie de tirailleurs et de la section de

80 de montagne. La flottille arrive le 2 février à 2 heures du matin, les troupes arrivent le soir.

Le passage est terminé le 3 à midi.

Après une pointe de deux jours dans le Nord à la poursuite des Touaregs, arrêtée par suite du manque de vivres, la marche sur Tombouctou est reprise le 7. Le 8 au soir la colonne campe près de Tacoubâo.

La matinée du 9 est consacrée à la reconnaissance des corps des Européens.

Les 11 officiers et les 2 sous-officiers tués sont reconnus par le docteur Lespinasse. Les honneurs leur sont rendus, les corps sont transportés à Tombouctou. Les cadavres des tirailleurs sont enterrés sur place.

Le 12 à 1 heure la colonne rentre à Tombouctou, elle a parcouru depuis Segou 843 kilomètres et n'a perdu qu'un tirailleur mort de maladie. Elle n'a eu qu'un tirailleur tué.

NOTICE GÉOGRAPHIQUE SUR LA RÉGION NORD

Avant d'aborder la partie historique de cette étude, il est utile de dire au point de vue géographique quelques mots du pays que nous avons appelé la région Nord. Il comprend les deux rives du Niger en aval du lac Débo jusqu'à Tombouctou avec leur vaste système d'inondations et de lacs.

Le Niger se jette dans le lac Débo en deux branches : à l'Ouest, le marigot de Diaka, à l'Est, le Niger proprement dit.

Le Débo s'écoule par deux fleuves considérables, l'Issa-Ber et le Bara-Issa. qui se réunissent à la pointe de Safay. En amont du lac, une troisième branche, le Koli-Koli s'est déjà séparé du Niger, elle va rejoindre le Bara-Issa en amont de Saraféré.

À partir de Safay, le Niger est doublé sur sa rive droite par le marigot de Gouyaki et tous les lacs de la région de Saréyamou.

Sur la rive gauche, un peu au Nord du Débo, une série de lacs qu'il alimente d'abord, puis le marigot de Goundam et ses ramifications, étendent au loin l'action vivifiante de ses eaux.

L'immense vallée échancre ainsi profondément la région Saharienne et conquiert sur le désert une large bande de terrain aussi propre à l'élevage qu'à la culture.

Le lac Débo est une véritable mer intérieure, de plus de 150 kilomètres de tour aux basses eaux. Pendant la crue, il déborde à perte de vue dans les plaines basses qui le bordent de toutes parts, sauf au Nord-Est où la montagne de Gourao dresse un escarpement rocheux de 50 mètres de hauteur et de 3 kilomètres de base. La montagne se prolonge au Nord-Ouest jusqu'au village de Guidio par une faible chaîne de collines. Du lac ou des plaines vertes qu'il recouvre à chaque hivernage, émergent trois îlots rocheux, que René Caillé baptisa Saint Charles, Henri et Marie Thérèse, en l'honneur du roi Charles X, du duc de Bordeaux et de la duchesse d'Angoulême. C'est au pied de la montagne de Gourao que la flotille du Niger installa son dernier poste lorsque les canonnières ne furent plus jugées utiles à Kabara. Avec les trois villages de Gourao-Bozo, au pied de la montagné, de Gourao-Habé à son sommet, de Gourao-Foulbé près du poste de la flotille, on remarque encore le village de Guidio où Didhiover gros village qui se relève de ses ruines et est habité par des Foulbé pasteurs, les villages de Ouoro et de Aoni entre lesquels s'écoule le Bara-Issa De l'autre côté de l'extrémité occidentale du lac, d'où sort l'Issa-Ber, s'élèvent les grandes ruines de Yovarou. Ce village habité par des Foulbé, fut entièrement détruit en 1879 par Tidiani.

Le Niger sort du lac Débo par deux branches, le Bara-Issa et l'Issa-Ber. La branche occidentale, l'Issa-Ber est la moins connue. Elle a été suivie par le lieutenant de vaisseau Caron à son retour de Tombouctou en 1887, et par l'enseigne Baudry en 1894. L'Issa-Ber est large de 500 mètres en moyenne, et suffisamment profond ; la navigation y est facile sauf au barrage rocheux de Toundou-farma que les pirogues peuvent cependant franchir toute l'année.

A Tendirma, il faut 45 minutes pour traverser le fleuve. Les rives sont généralement basses, sauf entre Tendirma et la pointe de Safay, où une ligne de dunes borde presque partout la rive gauche du fleuve.

En sortant du lac, l'Issa-Ber projette à droite un marigot qui passe à Saguitouma, Ambéri, Diamkoko, se divise en deux branches dont l'une rejoint l'Issa-Ber en amont de Sebi et l'autre le Bara-Issa près d'Erguem. L'Issa-Ber passe à Angem, Auré, Guendio, Barkeoual, Ouana, Bia, Gaoudo, Atora, Doui, dans une île, Sebi, Kherba, Gom, Ouagi, Sibo, Batouma, Goubo, Niatounké, (combat du 20 janvier 1894), N'Gouroumé, Sinho, Kamadumba, franchit les rapides de Toundoufarma, passe à Erwa, Amakoïra, Arabébé, nouveau Bankani, Tendirma (combat du 28 janvier 1894) Godio, Bala, Maoundo, Diédiou, Koran-Goïber et rejoint le Bara-Issa à la pointe de Safay.

Tous ces villages sont situés à quelque distance du fleuve, et toujours sur une éminence qui les met à l'abri des inondations. Presque tous sont des ruines d'anciens beaux villages détruits par Abiddin et surtout par Tidiani. Quelques uns se relèvent de ces désastres. Mais c'est pitié de voir toutes les ruines accumulées sur les rives du grand fleuve.

El-Hadj-Omar, Ahmadou, Tidiani n'ont rien laissé debout dans le moyen Niger, comme Samory a tout ravagé dans le haut bassin du fleuve. Il fallait ces impitoyables guerres de dévastation pour changer en désert une contrée si riche, si peuplée ; il n'est pas téméraire d'espérer que la paix lui rendra son ancienne prospérité.

L'Issa-Ber reçoit à gauche :

1o Le marigot de Niamgui qui, par deux branches, écoule les eaux du lac de Tenda. L'une de ces branches passe à Diartou et à Gandio, les plus gros villages du Farimake (ou Fermagha) ;

2o Un marigot qui sert de déversoir aux eaux du lac de Kabara ;

3º Le marigot de Doudoré, déversoir du lac de Sompi, est d'un facile accès aux hautes eaux. Pendant l'hivernage, les pirogues abondent à Faranna, à 2 kilomètres de Sompi ;

4º Le Talgué, déversoir du lac Takadji ;

5º Un ruisseau qui écoule la mare de Gaouati ;

6º Le Séka-Horo qui passe à Touka, déversoir du lac Horo ;

7º Le marigot de Gonia, qui passe à Atta et à Tendirma et écoule le lac Fati. Ce marigot est navigable aux basses eaux, alors que le marigot de Goundam ne l'est plus ; le ravitaillement du poste de Goundam se fait alors par le Niger ; le marigot de Gonia, le lac Fati. De la tête du lac, des porteurs n'ont plus que 7 kilomètres à faire pour gagner Goundam par une bonne route.

Le Bara-Issa, qui n'est pas la branche principale, a toujours été la plus suivie par les pirogues du commerce, c'est celle que suivit René Caillé, celle que prirent les canonnières dans leurs voyages à Koriumé en 1887 et 1889, et que nous avons suivie jusqu'à présent pour les convois de ravitaillement,

Le Bara-Issa, en sortant du lac près de Dianvéli, n'a pas plus de 200 mètres de largeur et n'est pas très profond. Après Sâ, il se rétrécit encore jusqu'à n'avoir par endroits qu'une cinquantaine de mètres. Mais à Bounambougou il s'élargit brusquement et atteint une largeur de 750 mètres.

Les rives sont généralement basses. Les éminences, les dunes sont toujours surmontées de villages ou de ruines. Par endroits pourtant le fleuve promène ses méandres entre des rives élevées de deux ou trois mètres. Mais, pourtant, ce fait s'observe depuis Ségou, la rive, aux basses eaux, forme le long du fleuve un renflement de digue naturelle au-delà de laquelle se creuse un large thalweg, parallèle à celui du fleuve. Les rives sont assez boisées, beaucoup de gommiers, quelques roniers. Le sol est fertile, surtout sur la rive droite, plus peuplée et plus cultivée. Aux environs des villages, et surtout des villages importants comme Sâ et Saraféré, on navigue pendant des heures entières, le long des rives bordées de lougans, de mil et de riz.

Le Bara-Issa passe à Dianvéli, Modioko, Milali, Kokor, Diétaka, Dakambé, Nambo, Kô, qui se relève rapidement de ses ruines, Diawéli, Souroubongo, Diougana, Doko, Sâ, situé au bord du fleuve, sur une légère éminence. Sâ est un gros village qui peut compter deux mille habitants. Il s'y tient un des plus importants marchés du Guimbala. Le mil et surtout le riz y affluent. On y fait de jolis ouvrages de cuir et l'on y trouve parfois, car l'industrie n'en est pas encore développée, ces grandes et belles couvertures du Guimbala aux nuances variées et douces, qui reposent l'œil habitué aux couleurs violentes des pays noirs. Une mosquée assez vaste et les premières maisons à portes enjolivées de ferrures, à fenêtres grillagées dans le goût arabe, achèvent de donner à Sâ un caractère particulier d'aisance et de sécurité.

Après Sâ, le Bara-Issa passe au pied d'Erguem, perché à un coudè du fleuve sur une longue colline, Sakoura, Saoutala, village assez prospère, Komo, Nioné, Ga, Lelel, Garfolo, Koumaira. Komoko, Dombou, Filenza, Kulenza, Betou, Tisi sur les bords d'une grande mare, en face de Saraféré. Ce dernier village appelé aussi Saraféreng ou Faranghoéla, est le marché le plus important du Guimbala. Depuis qu'un poste français y a été installé, les céréales du Séno-Arourkou et du Fitouka y viennent aussi. Toutes ces plaines sont de magnifiques pays d'élevage ; la laine des moutons est très renommée, les bœufs pourraient lutter comme taille et comme grosseur avec nos plus beaux produits de France. On y élève aussi des chevaux, mais les nombreux étalons enlevés par la guerre ou confisqués par les souverains du Macina manquent à la production. Ces cantons relèvent, en effet, de l'autorité d'Aguibou, le roi du Macina. A Saréféré réside un officier, adjoint au résident de Bandiagara. Le poste militaire fut créé en mai 1894, il était important de l'occuper, car dès longtemps, Saraféré était un des points où les souverains foulbé ou toucouleurs faisaient payer de lourds droits de passage aux pirogues de Djenné et de Sansanding.

Le Bara-Issa passe ensuite à Aïoubera, Gaye, Konga au pied d'une dune élevée, d'où l'on avait songé un moment à établir des communications optiques avec la dune d'El-Oualedji, puis Koufa, Ouo, Kaïba, Daré-Salam, gros village bâti sur un monticule, à 1,000 ou 1,500 mètres du fleuve. Dari nous a toujours été hostile jusqu'à ces derniers temps où à la suite de la tournée du roi du Macina, dans l'Ouest de son royaume, le chef de Dori, Omar-Galaoual a paru entrer dans une meilleure voie, au mois d'août, il a envoyé vendre 12 bœufs magnifiques à Tombouctou. En même temps, le résident de Saraféré éprouvait moins de peine à se procurer du grain.

Au-delà de Dari-Daré-Salam, le fleuve passe à Kali, Bounambougou, après quoi il s'élargit brusquement, à quelque distance de ses rives Gora, Toga, Guérou, Tandemane, Banikam, Drédou, Aouaki, Bougoubérou et enfin Safay, où les deux fleuves se rejoignent. La pointe de Safay est rongée par le courant et se prolonge par des bancs de sable à qui Caron (1) donna le nom d'île aux pélicans, à cause de la quantité prodigieuse de ces oiseaux. C'est un des charmes de la navigation sur le Niger, que de voir le fleuve comme barré par un banc mouvant formé de centaines de pélicans. Puis au coup de fusil, toute la bande se lève et couvre un coin du ciel de blancs tourbillons.

---

(1) Nous avons fait, tant dans la partie géographique que dans la partie historique, de larges emprunts à l'ouvrage de M. le lieutenant de vaisseau Caron : *de Saint-Louis à Tombouctou.*

Le Bara-Issa reçoit à gauche un marigot qui vient du Débo, à droite près du Taoutala un marigot qui rejoint le Koli-Koli à travers le Guimbala, avant Saraféré il reçoit le Koli-Koli branche du Niger, qui se sépare de la branche principale en amont du Débo. Le Koli-Koli a un cours excessivement sinueux, après avoir traversé le lac de Korienza, tributaire du lac Débo aux hautes eaux, il circule lentement au milieu des plaines du Guimbala. Il arrose tout le canton de Seno-Nrourkou, un des plus riches du Macina. Son cours n'est pas absolument déterminé, à cause des nombreux bras et mares qui subsistent plus ou moins longtemps après les crues. Il n'a pas de rives à proprement parler, c'est un faible courant qui circule au milieu des herbes. Aux hautes eaux, tout le pays est inondé et les pirogues coupent à travers les inondations. C'est ce qui permit au colonel Bonnier, qui emprunta cette voie dans sa marche sur Tombouctou, d'accomplir ce tour de force, d'amener en 10 jours, de Mopti à Karaba, une colonne fluviale de 300 pirogues. Les convois mettent plus de 15 jours par le Bara-Issa. Le Koli-Koli fournit une indication au sujet des crues du Niger. Quand il y a de l'eau, le fleuve baisse à Ségou et à Bamako. Quand les eaux commencent à baisser dans le Koli-Koli, le Niger déborde à Tombouctou. Le Koli-Koli arrose de nombreux villages dont les noms n'offrent pas d'intérêt particulier (1).

Le pays entre Bara-Issa et Issa-Ber est parcouru par de nombreux marigots dont les principaux sont ceux de Djoni, de Koï-Bagania, de Koïa, de Dorkindjidë. Ce pays a été traversé au commencement d'avril 1895, par le capitaine Laperrine, commandant le 2e escadron de spahis soudanais. Le détachement suivit l'itinéraire : Tendirma, Dindinggata, Sérel, Dia, Bacou, Kaïba, Ouo, Kobé, Konga. La route est praticable et même facile vers la mi-mars, mais doit être complètement impraticable aux hautes eaux de décembre en février. Le pays est très riche en riz, mil, moutons et chevaux.

Dans la partie la plus large de son cours, près de Bougoubérou, beau village détruit en 1883 par Tidiani, le Bara-Issa, reçoit à droite le marigot de Gouyaki, un des déversoirs des lacs de la rive droite.

L'Issa-Ber et le Bara-Issa réunis après Safay forment un vaste fleuve de 1,500 mètres de large. Il passe au poste de Oualedji, installé en juin 1894, comme poste de liaison entre Saraféré, Goundam et Tombouctou. Le poste a été construit au pied d'un

(1) Tous ces noms se trouvent sur la carte dressée par le lieutenant de vaisseau Hourst et le lieutenant d'infanterie de marine Bluzet, d'après les travaux des officiers de la région. Cette carte nous a constamment guidés pendant ce travail.

monticule de 30 mètres qui porte le tombeau d'un marabout vénéré Al-Oualighi, ou El-Oualedji, sur l'autre rive Dougouroudjé.

Plus loin, sur la rive gauche, s'étend une vaste dépression presque toujours inondée, dont le fond est occupé par le lac de Goro. Plusieurs îlots émergent qui portent les deux villages du nouveau et du vieux Diré.

En mars 1895, le capitaine Gautheron pénétra par le marigot du lac de Goro, dans ce dédale d'inondations et d'îles, et infligea un sanglant échec aux Touareg Tenguériguiff.

Le fleuve décrit ensuite une large boucle, passe à Farabougo, village de bozos, entouré de beaux lougans. Ce village a montré peu d'empressement à recevoir une reconnaissance en août 1895. Un peu en amont d'Hamtagual, le fleuve projette à l'Est un bras qui entoure la grande île Koura. L'île contient les vastes ruines du tata et du village de Koura, et les petits villages de Danga, de Gakoïra, de Samdiar. C'était un des terrains de parcours des Touareg Irréganaten, et un des points où ils rançonnaient les pirogues de commerce. Ils en ont été chassés après la destruction de leur camp de Takayegourou, le 10 mars 1894. Takayegourou, comme beaucoup de ces villages, se trouve à quelque distance dans l'intérieur, pendant la saison sèche et est, au contraire, accessible aux pirogues quand les eaux sont hautes.

Hamtagual est un joli village de 7 à 800 habitants, anciens Foulbé du Gourma, il est entouré de roniers et ce sont les derniers grands arbres ; au-delà, vers le Nord, on ne trouve plus que les mimosas et les faux gommiers de l'Azaouad. Hamtagual a les plus beaux lougans de mil et de riz de tout le Kissou. A cinq cents mètres, Koura, où se sont réfugiés les habitants du vieux Koura après la destruction de leur village par Tidiani. Ce sont des Rouma, ainsi que les habitants de Diré et de Dongoï. Plus loin, le Niger arrose Minnesengen, petit village de 150 habitants, dans une île, passe devant les ruines de Koirétago, Makalfakoira, village de 300 habitants. A partir de Koirétago, le Niger s'élargit, les berges sont basses, nues, sablonneuses. En approchant de Koriumé, le fleuve tourne brusquement à l'Est et s'étend au milieu des bancs de sable de 2 kilomètres de largeur.

Koriumé et Djitafé, autres dunes à cinq cents mètres de la première, sont l'avant-port de Tombouctou, à l'entrée du marigot de Day, qui enserre avec le Niger la grande île de Bourem formée à vrai dire de plusieurs îlots. C'est devant Koriumé que mouilla, le 17 avril 1887, la canonnière le *Niger* commandée par le lieutenant de vaisseau Caron.

L'île de Bourem contient quelques villages de bozos généralement pauvres, Hondabongo, Houa, Bourem, nouveau Imelal, où la flotille du Niger transporta, sur leur demande, les habitants du vieux Imelal menacés par les Touareg.

Le fleuve sur sa rive gauche est alors bordé de dunes qui se prolongent en amont, non point sur sa rive, mais sur la rive gauche du marigot de Goundam, la rive droite est toujours basse. A 300 kilomètres environ de Koriumé, se trouve l'étranglement de Tosaye ou de Bamba, où le fleuve, dit Barth, après s'être étendu à l'époque des hautes eaux, sur une immense étendue de terrain, vient passer entre les rochers en se réduisant à une largeur de 900 ou 1,000 pas. Ce passage étroit a, comme nous le verrons, une grande influence sur le régime des crues du Niger.

Après cet aperçu du cours du Niger, disons un mot des pays qui s'étendent sur ses rives. Sur la rive droite du Bara-Issa, depuis le lac Débo jusqu'au marigot de Gouyaki, ce sont les plaines du Macina, fertiles en mil et surtout en riz, riches en troupeaux, propices à l'élevage de chevaux.

Le Macina a toujours été le grenier de Tombouctou et par là, des populations du désert. On distingue les trois cantons du Guimbala, du Seno-Nrourkou et du Fitouka. Le Guimbala est le moins connu. Il s'étend sur les deux rives du Koli-Koli, ses principaux marchés sont : Sâ sur le Bara-Issa et Korienza sur le lac de ce nom, qui ont chacun environ 2,000 habitants. La population se compose surtout de Bambaras qui ont, dès le début, accepté la domination toucouleure, et sont restés fidèles sujets d'Aguibou. Les Foulbé sont assez clairsemés, ils obéissent aux chefs Bambaras, dont les principaux sont Diasse-Kassambara, chef de Sâ, et Semo-Tilé-Boré, chef de Korienza.

La population est la même dans le Seno-Nrourkou, son nouveau chef Alcali-Mansou réside à Goronia, les villages sont riches et nombreux. Le Seno-Nrourkou a mis longtemps de la mauvaise volonté à déférer aux demandes de grains, ou aux réquisitions de bozos du résident de Saraféré. Depuis le voyage d'Aguibou dans cette région au mois d'avril 1895, la situation s'est améliorée.

Le Fitouka, au contraire, est peuplé de Foulbé qui ont accepté, par conséquent, beaucoup plus difficilement que les Bambaras du Guimbala, la domination des Toucouleurs d'Aguibou. Le vieux chef du canton qui réside à Dari-Daré-Salam, Abdoulaye-Garaoual, nous était profondément hostile. Dari-Daré-Salam a dès longtemps été un des centres du fanatisme musulman dans ses régions. Barth, dans son passage à Sareyamou, affirme les craintes que lui inspirait le voisinage des Foulbé de Dari. Après l'occupation du Macina par nos troupes et l'installation d'Aguibou à Bandiagara, le vieux Abdoulaye-Garaoual refusa toujours de venir le saluer. Il ne voulait pas, disait-il « entendre les clairons français. » Il était en relations avec les Touareg et ses intrigues auprès d'eux ne furent sans doute pas étrangères à l'accueil qu'ils firent au commandant Caron. Mais, là comme ailleurs, on s'incline devant la force et le chef actuel Omar-Garaoual nous obéira mieux que son père.

Le Fitouka est la dernière province du Macina vers le Nord.

Au-delà, s'étend l'immense région du Gourma ou Aribinda (4), terrain de parcours des Touareg Irréganaten, des Igoüadaren plus à l'Est et des Kounta au Nord. Le Gourma peut être limité au Nord par le fleuve, à l'Ouest par le marigot de Sareyamou et son prolongement vers Kainouma, au Sud par le Hombori. Vers l'Est, il n'y a pas de limites bien déterminées. Presque désert dans l'Est, il est assez fertile au centre dans la région du Haribongo, où de nombreuses mares qui se dessèchent pendant la saison des basses eaux, offrent de beaux terrains de culture, et est très peuplé le long du marigot de Sareyamou. L'élevage est aussi prospère que la culture, c'est peut-être là le plus beau pays de production de la région Nord à laquelle le Gourma et le Bingha sont définitivement rattachés. Les principaux centres sont Bambara sur le lac Dô et Sareyamou sur les bords du marigot de ce nom. C'est à Sareyamou que Barth s'embarqua pour Tombouctou. A l'époque des hautes eaux en effet, les inondations du Niger, le marigot de Gouyaki et les lacs de Kanguara, de Diennéguira, de Labou, de Hongouta, de Fatta couvrent tout le pays de leurs eaux. Ce bassin lacustre de Sareyamou, ainsi que la région des grands lacs de l'Est est très peu connue. Il est fort possible que ces lacs soient aussi considérables que ceux de la rive gauche. Les principaux portent les noms de Tahetent, Tibouraghine, Dadji, Fankouré. Plus à l'Est le grand lac Dô et autour de Haribongo, un chapelet de lacs communiquant les uns avec les autres ; les principaux sont les lacs Kherba et Garo.

La rive gauche depuis Nampala jusqu'à Tombouctou est plus connue. La colonne du commandant Joffre, en janvier 1894, la colonne d'occupation de Sompi, en novembre 1895, l'ont parcoûrue. Tandis que les crues du Niger peuvent s'étaler presque indéfiniment dans les plaines basses de la rive droite, elles sont maintenues dans de plus étroites limites sur la rive gauche par les montagnes. A partir du lac de Takadji en effet, jusqu'au Nord-Est du lac Faguibine se dressent des escarpements rocheux d'une hauteur variant de 50 à 120 mètres. La colonne Joffre y trouva des passages difficiles.

Au pied des montagnes qu'ils enserrent généralement à l'Est et à l'Ouest, s'étendent les lacs, qui communiquent tous avec le Niger et sont atteints par les inondations pendant les crues. La vallée forme alors une vaste mer couverte d'algues flottantes, parfois assez serrées pour que la perche des bozos y puisse trouver un point d'appui. Seuls le lac Faguibine, le Horo et sans doute le Daouna encore inconnu, font exception.

---

(1) Les mots Gourma et Aribinda ont la même signification, le premier en Songhay, le second en arabe du Hessiane. Ils signifient tous deux « Le pays situé sur la rive droite du fleuve ».

Le premier de ces lacs en partant de l'Ouest est le lac de Tenda, ou lac de Diartou. Il est accessible aux pirogues à la fin d'octobre, par le marigot de Niamgui, mais le chenal est encombré d'herbes ;

2o Lac de Kabara, il communique avec le Niger par un marigot qui ne porte pas de nom et où il y a de l'eau en octobre ;

3o Lac de Sompi, son déversoir dans le Niger est le marigot de Dondoré, son estuaire est très large et encombré d'herbes. Nous aurons bientôt des renseignements précis sur cette région, Sompi ayant été occupé, le 19 novembre 1895 ;

4o Lac de Takadji, grande mare entourée de montagnes que viennent remplir les eaux de l'Issa-Ber pendant les crues. Partout les rives sont couvertes des lougans des habitants de Niodougou et de Tondidaro ;

5o Gaouati, mare temporaire et mal définie qui n'était encore en novembre qu'un grand lougan ;

6o Le lac de Horo , au contraire, est un grand et beau lac, aux pieds de la chaîne des Bourtel (80 mètres) à l'Ouest et des monts de Horo, à l'Est. Les bords du lac sont peu habités, ses eaux sont profondes et navigables pour les canonnières (1). Son déversoir la Séka-Horo est toujours accessible aux canonnières, c'est le marigot de Terezit de la carte Caron ;

7o Le lac Fati est une belle nappe d'eau allongée entre les monts Horo et les monts Fati. Plusieurs villages s'élèvent sur ses bords au pied de la montagne. Le principal est celui d'Atta, à quelque distance du lac, résidence du chef de Tioki. Le Fati se déverse par le marigot de Gonia, qui a presque toujours quatre mètres d'eau dans le chenal. C'est cette voie, nous l'avons dit, qu'emprunte les convois de ravitaillement de Goundam, quand le marigot de ce nom n'est plus navigable. À partir du lac Fati, les dunes qui indiquent les inondations ne suivent plus la rive gauche du Niger, mais bien la rive gauche du marigot de Goundam. Le Killi et le Kissou se trouvent ainsi inondés en grande partie pendant les crues. Le marigot de Goundam est le déversoir du grand lac Faguibine.

Ce lac est une véritable mer intérieure de 350 kilomètres de tour environ, en comprenant le lac Télé.

A l'Ouest, il s'étend vers Ras-el-Mâ entre deux faibles chaînes de dunes. Au Nord-Est et à l'Est au contraire, il est dominé par des massifs rocheux qui atteignent 120 mètres de hauteur. Ce sont les monts Baukoré, Tarkounebongo, 120 mètres, au Nord desquels se trouve le col de Karao-Kamba. Puis le massif de Tombaïtu, la haute montagne de Farache, qu'on aperçoit de

---

(1) Ces renseignements sont tirés d'une note sur les lacs, de l'enseigne de vaisseau Baudry.

Tombouctou, plus au Nord, les monts Tahakim. Ces montagnes ont été le dernier repaire des Kel-Antassar, la seule tribu touareg qui tenait encore la campagne en 1895 et vient de se soumettre au début de 1896. Ils cultivent la rive Nord du lac et y abreuvent leurs troupeaux ainsi qu'à la mare de Tahakim, située plus au Nord. Au milieu du lac, l'île Taguilam qui pouvait offrir un refuge excellent à une escadrille faisant la police du lac.

Il est curieux de constater que Barth, qui passa sept mois à Tombouctou, reçu en ami par un homme intelligent, fut laissé par lui dans l'ignorance complète de l'existence de ce grand lac et que Lenz, qui dans sa route de Tombouctou à Bassi-Kounou longea ce qu'il appelle les étangs de Ras-el-Mâ, n'en ait pas soupçonné l'immensité.

Le Faguibine s'écoule au Sud par le marigot de Goundam qui arrose le village de ce nom, où a été créé un cercle au mois d'avril 1894. C'est devant le village même que la colonne Joffre passa le marigot alors large de 300 mètres. En aval de Goundam le marigot traverse près du village de Djindjin une sorte de barrage, de seuil rocheux, en sorte qu'à la saison des basses eaux le lac ne communique plus avec le Niger. Sur les bords du marigot s'élèvent des villages qui seraient prospères si les Touareg ne les avaient pillés depuis des années. C'est Dongoï, Douékiré, Tassakant. Le marigot envoie dans le Killi et dans le Kissou plusieurs branches dont le cours est peu défini, il se jette dans le Niger en amont de Koriumé. Au Sud de Faguibine, s'étend un vaste lac, aussi vaste peut-être que celui-ci, mais encore inconnu, c'est le lac Daouna, sur les bords duquel se sont retirés les restes de la tribu des Tenguériguiff chassés de Tombouctou et de leur fief du Kissou.

Ces pays de la rive gauche du Niger si largement arrosé par ce système de lacs et de marigots se divisent au point de vue politique en divers cantons. Ce sont :

Le Farimaké (ou Fermagha) entre l'Issa-Ber et les lacs de Tenda et de Kabara. Il a beaucoup souffert des luttes qu'Abiddin, chef des Kounta et petit fils du fameux cheikh El-Backay, eut à soutenir contre les Touareg et les Toucouleurs du Macina. Aussi le pays, quoique son sol soit fertile, est-il peu peuplé. Les principaux centres du Farimaké sont Gardio, la capitale, Diartou et Gatchis. Les habitants sont des Foulbé en grande majorité.

Le Aoussa-Kattaoual est situé entre le lac de Takadji, l'Issa-Ber, et le lac de Tenda, sa population fixe se compose de Foulbé, de Bambaras, de Touareg mélangés de Foulbé et devenus sédentaires. Elle se livre à l'élevage de nombreux troupeaux et à la culture. Son territoire était occupé avant notre arrivée par différentes fractions de Iguellad, auxquelles il était soumis de fait et qui y percevaient des impôts peu réguliers, et souvent très onéreux. Sa capitale est Sompi qui vient d'être occupé le 19 novembre 1895. Cette mesure achève notre établissement sur la rive gauche du Niger, et rend le calme et la sécurité à un pays riche en grains et surtout en troupeaux (1).

Le Soboundou-Samba, situé entre le lac de Takadji, l'Issa-Bèr et le lac de Horo, a une population sédentaire, composée presque uniquement de Foulbé pasteurs et cultivateurs. Comme le précédent, son territoire était également parcouru par des bandes de Iguellad, qui en étaient les véritables maîtres.

Le Tioki entre le lac de Horo, l'Issa-Ber et le lac Fati, peuplé de Foulbé, subissait aussi l'influence des Iguellad, et celle d'une autre tribu les Tenguériguiff.

Le Killi est situé entre le lac Fati, la branche secondaire du marigot de Goundam et le Niger. La population se composait de nomades et de sédentaires. Les premiers étaient les Tenguériguiff maîtres effectifs de tout le Killi, qu'ils ont entièrement évacué après leur désastre de Diré (mars 1894). Les seconds sont des Foulbé et des Songhay, habitant les villages, presque tous cultivateurs, des Cheurfiga, tribu nomade de race berbère, qui cultive un peu, mais se livre surtout à l'élevage des troupeaux.

Le Kissou peut être considéré comme formant le territoire de Tombouctou proprement dit. C'est là, en effet, que les habitants de cette ville font cultiver par leurs esclaves le gros mil, le riz, le blé, le coton. Le mil se sème à mesure que les eaux se retirent, il est récolté en septembre ou octobre. Le riz se sème aux premières pluies (fin juin) et se récolte en avril (100 jours après avoir été semé). La population se compose de Songhay et de Rouma. C'est dans le Kissou que les Tenguériguiff, seuls maîtres de Tombouctou pendant les dernières années, vivaient le plus souvent et avaient la plupart de leurs esclaves.

Le Kissou a été parcouru au mois d'août 1895 par une reconnaissance partie de Tombouctou. Du rapport du lieutenant Jacobi qui la commandait, nous extrayons les lignes suivantes qui pourraient sans doute s'appliquer au Killi, au pays de Sareyamou, à toutes ces régions inondés actuellement par le Niger :

« La région du Kissou ne présente au point de vue orogtaphique et hydrographique aucun trait bien saillant. Les différents marigots qui sillonnent le pays ne sont séparés par aucune ligne de partage des eaux ; aussi à l'époque des hautes eaux, la région offre-t-elle au Nord surtout l'aspect d'un immense étang, semé de quelques îles formées par un renflement presque insensible du sol. Sur ces îles ont été construits des villages entre lesquels les communications ne peuvent alors avoir lieu que par pirogues.

(1) Ces renseignements sont extraits des rapports du lieutenant-colonel Joffre, commandant supérieur de Tombouctou, en 1894.

« Les marigots dont le lit est indécis, dans le nord du Kissou, se creusent à mesure qu'on avance vers le Sud. Les rives sont généralement escarpées à l'Ouest, lorsque les eaux montent, une seule route est inondée, c'est la rive où s'étendent les lougans. Sur la rive escarpée sont bâtis les villages. Dans le Nord au contraire les villages sont obligés de changer de place, à mesure que les marigots se dessèchent. Aussi voit-on souvent plusieurs villages porter le même nom. Mais la vraie raison de ces déplacements c'est que les habitants cherchent à avoir toujours entre eux et les Touareg un fossé plein d'eau et non guéable.

« Les arbres ne se voient que dans le Sud où se trouvent de vraies forêts. Au Nord, au contraire, le terrain est complètement nu sur toute l'étendue couverte par les inondations du marigot de Goundam. »

En dehors de la fertile et immense vallée, c'est le désert. Au Nord pourtant jusqu'à mi-chemin d'Araouan s'étend la grande forêt de mimosas de l'Azaouad qui descend un peu au Sud de Tombouctou. Cette ville célèbre se trouve donc à la limite extrême du Soudan, à la porte du désert. Elle est distante du fleuve de 10 kilomètres environ à vol d'oiseau et communique avec lui par les marigots qui sont accessibles pendant un cours espace de temps, 15 jours ou deux mois suivant les années vers le mois de janvier ; en 1894-1895 l'inondation du Niger n'a pas dépassé Kabara, mais pendant presque toute l'année, les pirogues déchargent leurs marchandises à Kabara qui est le véritable port de Tombouctou. C'est un gros village de 700 habitants pour la plupart Songhay, bâti au pied d'une dune, sur les bords d'une mare qui ne tarit jamais. On y a construit un blockaus. Kabara communique avec le Niger par un chenal creusé par ordre d'El-Hadj-Omar, mais aujourd'hui ensablé, de sorte que de la fin de mars au 15 septembre les grosses pirogues doivent s'arrêter à Day à l'entrée du chenal. Day et Koriumé ou Djitafé sont les avants ports de Tombouctou.

L'on voit par conséquent que c'est en septembre que le Niger commence à monter à Tombouctou, la crue atteint son maximum vers le mois de janvier. Or, dans le haut Niger comme dans la plupart des fleuves africains, c'est en juin que la crue commence pour atteindre son maximum en septembre et finir en décembre. Cette singulière anomalie est due probablement à deux causes, le lac Débo et le seuil de Tosaye. Les pluies et la crue d'amont viennent d'abord emplir le lac qui déborde dans les plaines immenses du Macina, avant que les eaux ne montent à Tombouctou. Elles s'écoulent difficilement en effet au Nord du lac à cause du peu de déclivité du sol et de ses plaines basses où elles s'étendent à perte de vue. Mais peu à peu le fleuve grossit, et alors les eaux sont retenues au seuil de Tosaye. Pendant longtemps

le fleuve monte à Tombouctou, avant que l'écoulement à travers
les rochers de Tosaye ne soit venu rétablir l'équilibre.

Depuis le Débo jusqu'à Tombouctou, le fleuve se trouve en
somme, dans une immense cuvette aux bords non définis, que
ses eaux mettent beaucoup de temps à remplir, et elles s'écoulent
lentement ensuite par le couloir étroit de Tosaye.

Nous avons dit que de Kabara à Tombouctou le trajet pendant
presque toute l'année se faisait par terre. La distance est d'environ 7 kilomètres, au milieu de dunes sablonneuses qui rendent
la marche fatigante. Le sol est couvert de mimosas. Cette route
a toujours été dangereuse, aussi déjà du temps de Barth appelait-
on « Our-Oumaïra » nom qui signifie « on n'entend pas » un point
situé à mi-chemin de Kabara et de Tombouctou. Ce nom est une
allusion à ce que l'on n'entend ni de Tombouctou ni de Kabara, les
cris du malheureux qui tombe en cet endroit aux mains des
pillards. C'est, en effet, le théâtre habituel de leurs exploits. C'est
là qu'est tombé le 28 décembre 1893, l'enseigne de vaisseau Aube ;
là aussi le 20 mars 1895, le lieutenant de spahis Potin a été grièvement blessé dans une embuscade. Aujourd'hui la route se dirige
en droite ligne sur Tombouctou, laissant à droite la croix élevée
à la mémoire de l'enseigne de vaisseau Aube. La route est
débroussaillée à droite et à gauche sur une largeur de 200 mètres
ce qui rend les surprises presque impossibles.

Du haut d'une dune à 1 kilomètre de la ville, on aperçoit Tombouctou étageant à l'horizon ses maisons d'argile. Au nord et au
Sud deux grandes tours les dominent. Ce sont les minarets des
mosquées de Sankoré et de Djinguéré-Ber. En s'approchant on
distingue au Sud-Ouest les murailles du fort Bonnier, qui
commande la route de Kabara.

Tombouctou est situé par 5° de longitude ouest et 16° 43' de
latitude nord, à une altitude de 245 mètres. Elle forme un grand
triangle dont la pointe est tournée vers le Nord, mais la construction du fort Bonnier à l'angle Sud-Ouest, celle du fort Hugueny
au sommet Nord, le dégagement des abords et de la grande place
du marché, ont modifié cette forme qui était presque régulière au
temps de Barth. Autour de la ville, une ligne de dunes, de monti-
cules de sable, mêlés de débris de constructions et de détritus
de toute sorte. On a commencé à raser des éminences malpropres
et qui cachaient sur certains points la vue de la plaine. Au Sud
et à l'Ouest, au pied de ces dunes s'étend une série de dayas, ou
mares, dont plusieurs ont de l'eau pendant toute l'année, c'est là
que les pirogues viennent aborder à 100 mètres du fort, quand la
crue atteint son maximum. On a installé dans ces dépressions
circulaires abritées des vents du désert, les jardins de la garnison.
De la forêt de palmiers qui, d'après la tradition, entourait la ville
avant l'invasion marocaine, il ne reste que 3 beaux dattiers. Une
des dayas est cependant entourée d'un vrai jardin naturel, dont

la verdure repose agréablement les yeux. Au temps de sa splendeur Tombouctou s'étendait certainement beaucoup plus à l'Est, à l'Ouest, et surtout au Nord. De nombreuses ruines l'attestent. La principale est le tombeau de Faki-Mahmoud qui était jadis, dit-on, au milieu des maisons. .

La ville est ouverte depuis que les Foulbés ont détruit les murs qui l'environnaient au moment de leur conquête en 1826. Sur une partie du pourtour surtout au Nord-Est et à l'Est, une ceinture de huttes rondes en paille entoure la ville. Elles sont habitées par des noirs Songhais, et par des esclaves des Maures et des Touaregs. Les rues sont fort étroites et tortueuses. D'après une bizarre coutume les portes ne doivent être orientées ni à l'Est ni à l'Ouest, de sorte que les rues, qui vont du Sud au Nord, offrent une succession de saillants et de rentrants, pour permettre aux portes de s'ouvrir au Sud et au Nord, c'est un vrai tracé en crémaillère.

Nous avons percé quelques larges voies, dégagé quelques places dont l'une très vaste à proximité du fort Bonnier, pour le grand marché, mais les rectifications qu'on a pu faire dans le tracé de ce dédale de rues, en profitant des réparations si fréquentes à faire aux maisons, sont absolument insignifiantes. Pour faire une véritable rue, il faut abattre ou éventrer des maisons et par conséquent exproprier les propriétaires.

Les maisons sont construites en briques, qui contiennent malheureusement plus de sable que d'argile. Elles comprennent généralement un vestibule d'entrée, qui donne accès dans une cour plus ou moins spacieuse, sur laquelle s'ouvrent plusieurs chambres, un escalier en terre très étroit conduit au premier étage, qui comprend une ou plusieurs pièces d'habitation, souvent séparées par quelques degrés d'une terrasse qui surmonte le reste du rez-de-chaussée. Parfois sur ces terrasses, dans les maisons riches s'élève encore une sorte de petit kiosque d'observation (toujours en banco). Des terrasses, les eaux des pluies s'écoulent au moyen de grandes gouttières en terre cuite ou en bois, qui s'avancent assez loin dans la rue, et se déversent dans une rigole d'écoulement. Les maisons n'ont aucune vue sur le dehors, sauf par une fenêtre à grillages de bois souvent découpés dans le goût arabe. Cette fenêtre est toujours près et au-dessus de la porte. Ces portes elles-mêmes sont munies d'une bonne serrure et ornementées de ferrures, Elles montrent toutes la trace des coups de lances des Touaregs, qui venaient ainsi impérativement demander l'hospitalité.

L'on voit que ce genre de construction rappelle la maison arabe, avec moins de confortable et de luxe. De même ces ruelles étroites, qui courent entre de grands murs nus de plusieurs mètres de hauteur rappellent les rues de nos villes arabes, Mais les maisons de Tombouctou sont grises, couleur de sable et n'ont pas l'éclatante blancheur des constructions mauresques.

Ces rues souvent encombrées par des échoppes de tailleurs, de cordonniers, de marchands de pain, sont très animées. L'on y entend huit langues différentes : le songhay, l'arabe, le touareg, le poular, le haoussa, le mossi, le bambara, le sarakolet. L'on y voit une variété de types et de races extraordinaire, depuis le riche commerçant de Tripoli ou de Ghadamès à la peau blanche et fine, aux traits européens, jusqu'aux esclaves des Maures et des Touaregs plus misérables que leurs frères du Soudan.

Les costumes sont à peu près les mêmes que dans le reste du Soudan. Le blanc et le bleu y dominent. Les notables ont toujours à la main une grande canne terminée par un fer plat, à laquelle ils paraissent attacher un grand prix. Tous ont la tête découverte et rasée, parfois abritée du soleil au moyen d'une simple pièce d'étoffe, pliée plusieurs fois et posée sur la tête.

Les femmes sont enveloppées d'un grand boubou blanc généralement fort sale. Elles ont les poignets et les chevilles surchargés de lourds anneaux de cuivre, et portent d'énormes boules d'ambre aux colliers. Les coiffures sont bizarres, les unes portent leurs cheveux réunis en 5 boules : sur le front, sur chaque tempe, au sommet de la tête et sous la nuque. D'autres n'ont qu'une seule tresse chargée d'ornements longue de 20 à 30 centimètres, qui se dresse au-dessus de leur front comme une corne fort disgracieuse.

N'oublions pas un des traits les plus particuliers de la physionomie de la ville. C'est la quantité extraordinaire d'oiseaux, grands et petits, que l'on y voit ; sur les terrasses, sur les tours des mosquées perchent une foule de cigognes noires, de grandes bandes de pigeons planent sur la ville, dans les maisons nichent d'innombrables petits pinsons au plumage éclatant. Des hôtes moins agréables sont de nombreux lézards et caméléons, d'ailleurs inoffensifs.

Le climat de Tombouctou se rapproche plus du climat saharien que du climat soudanais. Il y a cependant deux saisons, mais l'hivernage est beaucoup plus court et la quantité d'eau qui tombe beaucoup moins grande que dans le reste du Soudan. Il y a tout au plus une vingtaine de tornades par an, de la fin de juin au mois de septembre. Les mois les plus frais, les plus agréables, sont décembre et janvier. Les matinées et les nuits sont alors véritablement froides. Nous avons vu de la grêle pendant une ou deux minutes à Tombouctou, et les noirs prétendent qu'il y a eu de la glace. Les mois de mars, d'avril et de mai sont très pénibles, le vent d'Est souffle constamment.

Il serait peut-être hardi de dire que Tombouctou est actuellement plus sain que le reste du Soudan, mais il est très probable qu'il en sera ainsi, quand les européens pourront avoir un peu de bien-être. Les fièvres y sont en effet plus rares que dans le Sud, et si la dysenterie est fréquente par suite de la mauvaise qualité des eaux, on peut s'en préserver en prenant les précautions voulues.

NOTICE SUR LES TRIBUS NOMADES

DANS LA RÉGION DE TOMBOUCTOU

Le but de cette notice est de faire connaître l'importance rela-
tive des tribus nomades qui vivent dans la région de Tombouctou
et de celles qui sont seulement en relations avec elles, de donner
leur chef, d'indiquer leur force, leurs ressources et leurs principaux lieux de campement.

Pour se rendre compte des liens qui existent entre ces différentes tribus, il est nécessaire de remonter pour un instant à leur
origine et de donner quelques-unes de leurs principales évolutions.

HISTORIQUE SOMMAIRE. — De temps immémorial, les « voiles »
parcourent la région qui sépare le pays des Berbères de celui des
Noirs d'origine Sanhâdjienne, ils ne cessèrent de se tenir dans ce
pays qu'après la conquête de l'Espagne par les Arabes ; à ce
moment ils furent refoulés au Sud et se décidèrent à embrasser
l'islamisme (IIIe siècle de l'hégire). Au IVe siècle, ils fondèrent un
grand royaume embrassant surtout la partie Ouest du Sahara ;
puis l'unité de la nation sanhâdjienne se brisa ; chaque tribu,
chaque fraction de tribu eut son chef.

Vers le milieu du VIIIe siècle, les porteurs de voile étaient
groupés surtout autour de la ville d'Es-Souk (Tademka des habitants de Tombouctou) à moitié chemin entre In-Salah et Gogo, à
l'ancienne limite de la race blanche et de la race noire (1). Depuis
longtemps en lutte avec le sultan de Gogo « roi des noirs », ils
eurent le dessous. Es-Souk fut détruite et les «Imocharh» comme
ils s'appelaient eux-mêmes, se réfugièrent au Sud de l'Algérie, de
la Tunisie, vers Tombouctou, tous pays qu'ils occupent encore
aujourd'hui.

Citons parmi ceux qui nous intéressent plus particulièrement:
les Imocharh-Aouellimiden qui, après de longues luttes avec la

---

(1) Les habitants d'Es-Souk mélangèrent leur sang avec celui des
noirs ; ce qui explique la teinte très foncée de certaines tribus touareg, les Tenguériguiff par exemple.

race noire parvinrent à s'installer dans l'Adghagh ; les Iguadaren, fraction de cette première tribu, qui se rapprochèrent de Tombouctou et s'installèrent sur les deux rives du fleuve, entre Aguadech et Bané, surtout les Tademka, tributaires des Aouellimiden, qui, à la suite de discussion, émigrèrent dans la région de Kasba, sur la rive gauche du Niger et qui, dans la suite, pressés par les Iguadaren, marchèrent vers l'Ouest en suivant le fleuve et s'installèrent aux environs de Tombouctou.

Là vivaient, avant leur arrivée, des nomades vestiges de la grande invasion arabe du général Ogba et des Almoravides ; en particulier les Inguellad, d'origine berbère dans la région de Rœs-El-Mâ et de Tagane : les Bérabich et les Kounta, descendants directs du conquérant, qui venaient de faire de Tombouctou un grand centre commercial, un foyer de lumière et de lettres.

Le rôle joué par les nomades dans l'histoire si agitée de la grande ville a été considérable, luttes pour la suprématie politique entre les Touareg et les Foulbés, querelles intestines entre Inguellad et Kounta pour l'influence religieuse, en ont marqué les principales époques.

Nous allons voir ici ce que sont devenues ces tribus et quelle est leur situation actuelle.

Pour cette étude, nous diviserons naturellement les nomades en tribus touareg, tribus arabes et tribus d'origine berbère et arabe vivant à la façon des Touareg.

Tribus touareg — Les Tademeket. — Nous avons dit dans la partie historique que les Tademeket vinrent s'installer aux environs de Tombouctou ; ils se fractionnèrent ensuite. Les Tenguériguiff se sentant les plus forts se groupèrent autour de la ville et dans les riches plaines du Killi et du Kissou ; les Kel-Temoulaï restèrent sur le fleuve que les Irréganaten franchirent pour se répandre dans l'Aribinda. Tenant ainsi les routes de la région, le pillage leur fut facile ; ils se partageaient le butin.

Aussi s'opposèrent-ils de toutes leurs forces à la marche du colonel Bonnier, comme à celle du commandant Joffre ; ils formèrent le gros des assaillants de Tacoubao.

Depuis, instruits par leurs échecs, ils ont fait leur soumission :

1° Tenguériguiff. — Bien diminués surtout depuis leur défaite à Diré, chassés du Kissou et du Killi au début de la conquête, privés des cultures du Aoussa-Kattaoual et du Soboundou depuis l'occupation de Sumpi, les Tenguériguiff ont vu leur puissance décroître constamment. Ils avaient traité avec le colonel Joffre ; ils reconnaissent maintenant notre autorité et nous paient tribut, depuis la visite rendue à Goundam par leur chef Cheboun au colonel de Trentinian (février-mars 1896). Le centre de leur terrain de parcours est aujourd'hui l'immense dépression du Daouna, riche en pâturage et en cultures variées (mil, riz, blé). Ils ont quelques chameaux, des chevaux venus du Fitouka et d'immenses troupeaux de moutons et de bœufs.

On peut les diviser en six fractions principales, obéissant chacune à un chef particulier, sous l'autorité d'un chef commun qui représente la tribu et qui est actuellement Cheboun, descendant de ce chef touareg Eg-Fandougoumou, dont parle Lenz :

1o Les Téllémidés (restés avec les Kel-Témoulaï depuis notre arrivée) ;
2o Les Jhimel ;
3o Les Arkasidy ;
4o Les Inikeren ;
5o Les Itgaouen ;
6o Les Tenguériguiff.

Cette dernière donne son nom à toute la tribu et lui fournit son chef.

Les Tenguériguiff ont toujours été prépondérants chez les Tademeket ; leur soumission complète assure celle des Kel-Temoulaï et des Irréganaten,

Avec leurs Bellahs qui sont nombreux et dévoués, les Tenguériguiff peuvent mettre en ligne environ 700 hommes de pied et une centaine de cavaliers.

Leurs vassaux. — Les Imededgen. — Les Tenguériguiff ont des « Imrhad » ou vassaux appelés Imededgen qui leur paient chaque année un tribut en nature. On les divise en deux groupes sous un chef dont l'autorité n'est guère que nominale, Mohamed-Ould-Toughami.

1o Le premier groupe est campé au Nord du marigot de Goundam entre El-Maçarah et Tombouctou, son chef est Mohammed-Agahhamé, le premier des Imrhad touaregs qui se soit franchement rallié après Tacoubao. Ils nous fournissent volontiers des guides et des chameliers ; ils approvisionnent le marché de Tombouctou.

2o Sied commande au 2e groupe campé au Nord et près des lacs Fati et Horo. C'est l'homme lige de Cheboun, l'Anemoukal des Tenguériguiff ; il lui sert souvent d'intermédiaire et le renseigne sur nous.

En résumé, malgré leur puissance et leur qualité très réelles, depuis l'occupation de Sumpi et celle de Raz-El-Mâ, les Tenguériguiff sont à notre merci ; leur intérêt est de rester tranquille.

2o *Kel-Temoulaï.* — Au moment de l'émigration des Tademeket ils s'étaient établis dans la région actuellement occupée par les Iguadaren, ils durent se replier devant ces derniers.

Actuellement leur territoire s'étend de Kabara au village de Didé environ, en aval de Tombouctou ; la plus grande partie s'est même installée sur la rive droite du Niger depuis notre arrivée dans la région.

Les deux groupes obéissent à un même Amenoukal nommé Aberdi. Le nombre de leurs tentes peut-être évalué à 170 ; avec leurs vassaux et leurs Bellahs ont peut estimer leurs forces à 150 cavaliers et 300 hommes à pied.

Les Kel-Temoulaï sont renommés pillards, mais peu guerriers ; ils tenaient autrefois la région de Kabara sur terre et sur eau. Ils paient aux Iguadaren un assez fort tribut auquel ils n'osent se soustraire.

Avec eux se trouve une fraction des Tenguériguiff « les Tellinidés » qui n'ont pu repasser le fleuve dans l'Ouest après les affaires de Kabara.

Sans manifester d'hostilité ouverte, les Kel-Temoulaï se livrent de temps à autre à des actes de pillage.

3o *Irréganaten.* — Ils composent la 3e fraction des Tademeket et tenaient autrefois le fleuve en amont de Kabara comme les Kel-Temoulaï en aval. Installés surtout à Koura et dans le district du Bingha, ils prélevaient un fort impôt sur les pirogues de Djenné et ruinèrent ainsi en partie le commerce de Tombouctou. Rejetés par nos tirailleurs au-delà du marigot de Sarayamou, dans le Gourma, ils y sont restés depuis et y élèvent d'immenses troupeaux de bœufs et beaucoup de chevaux ; ils ont peut-être le plus beau pâturage de toute la région Nord. Encore peu connus, il est difficile d'évaluer leurs forces même approximativement ; elles se composent surtout de cavaliers parfaitement montés.

Leur chef est Assalmi, mais son autorité n'est point reconnue de tous les Irréganaten.

Notre ennemi au début Assalmi, depuis sa promesse de ne plus bouger, a résisté à toutes les sollicitations des Kel-Antassar. Il campe aux environs d'Haribongo et dépend de la région Nord. Cependant il ne s'est pas encore présenté en personne.

Les Chioukh. — On désigne quelquefois improprement sous le nom d'Irréganaten une tribu qui porte le nom plus particulier de Chioukh.

Ce sont des religieux berbères vivant depuis très longtemps avec les touareg qui les considèrent comme leurs protégés ; les Irréganaten leur paient même la redevance habituelle aux marabouts, par les femmes, ils ont une origine commune. Les Kounta leur paient aussi le Lekkat (impôt de culture).

Les Chioukh sont peu nombreux ; 10 tentes de race pure, mais ils ont des vassaux, métis de Peulhs et de Berbères, Herzay, Izenbelouten, Foulane, Kirés au nombre de 225 tentes environ.

Leur chef est Zahnoun-ben-Mouak, qu'une décision de M. Grodet a rattaché à Bandiagara.

Les Touareg de l'Est. — Ils ne sont pas en relations aussi étroites avec Tombouctou à cause de la distance qui les en sépare ;

mais par leur autorité sur les Tademeket ou par leur puissance propre, ils méritent l'attention.

Les premiers que l'on rencontre en descendant le fleuve sont les Igouadaren ; puis se sont les Aouellimiden.

1° *Les Igouadaren.* — Ils occupent les deux rives du fleuve depuis Immelal environ à l'Ouest jusque vers Gogo. Le Niger les divise naturellement en deux fractions ; sur la rive gauche, les Igouadaren Aoussa ; les Igouadaren Aribinda, sur la rive droite.

Quelquefois les deux fractions se réunissent ; mais bientôt les dissentions les obligent à réintégrer leurs campements respectifs.

Ainsi Sakhaoun, des Aoussa, autrefois chef unique, a maintenant pour rival son frère Sakib, avec lequel il est en lutte constante.

Igouadaren Aoussa. — Campés au Nord du fleuve, ils ne s'en éloignent presque jamais à plus de deux ou trois jours de marche. C'est la tribu la plus puissante ; elle se fractionne en six :

1° *Les Guelgouby* qui a à elle seule autant de vassaux et d'esclaves que les cinq autres réunies. Sakhaoun est de cette fraction (environ 30 tentes nobles, 400 vassaux, 1,000 esclaves) ;

2° *Terbanassen.* — C'est la fraction la plus belliqueuse, campée autour de Bani ;

3° Agherghart ;

4° Ahl Silla ;

5° *Hekiham.* — Cette fraction marche toujours avec le chef Sakhaoun ;

6° *Ouraghen.* — Ils ne sont pas considérés de sang noble et ne sont Igouadaren que par les femmes.

Igouadaren Aribinda. — Ils parcourent à peu près toute la région connue sous le nom d'Aribinda, les villages Kounta, Haribongo, jusque vers les montagnes du Hombori au Sud. Ils se subdivisent en quatre fractions sous Sakib, frère de Sakhaoun :

1° Haké Takaïn ;

2° Taggagarat ;

3° Fertettane ;

4° Ideghouanen.

La richesse des Igouadaren consiste en troupeaux ; ils avaient beaucoup de chameaux avant la grande épidémie qui désola la région Nord.

D'après tous les renseignements, les Igouadaren sont moins portés au pillage que les Tademeket ; ils se suffisent généralement à eux-mêmes.

Sakhaoun n'est jamais venu à Tombouctou, mais il y a fait souvent protester de ses intentions de paix et a refusé tout appui au chef Kel-Antassar.

L'influence des Igouadaren se fait encore sentir sur leurs voisins les Kel Temoulaï et les Irreganaten ; mais ils paient eux-mêmes un tribut au chef des Aouellimiden.

2° *Aouellimiden.* — C'est la plus puissante parmi les tribus Touareg dont nous avons à nous occuper. Ils campent dans le massif de l'Adgagh et à l'Ouest jusque vers Mabrouck, Hillé, Gogo.

Leur éloignement de Tombouctou ne permet pas d'avoir sur eux de renseignements précis.

Ils venaient autrefois tous les deux ans percevoir le tribut de la ville et des Tademeket.

En avril 1894 et en mars 1895, un groupe d'Aouellimiden et de Kounta s'approchèrent à une journée de Tombouctou, mais furent repoussés par les Bérabich armés de fusils.

De tout temps, les Aouellimiden ont été considérés comme très nombreux et très puissants ; mais il ne semble pas jusqu'ici que cette tribu ait pris Tombouctou comme objectif de ses pillages ; il est même probable que notre présence mettra une fin à ses rares visites.

Touareg du Nord. — *Hoggars.* — La récente incursion des Hoggars nous amène à dire un mot de cette tribu redoutée qui n'avait pas encore envoyé ses pillards aussi près de Tombouctou (février 1896).

Campés dans les plateaux du Ahaggar (d'où leur nom) au Sud-Est d'In-Salah, ils étaient la terreur des caravanes surtout celles qui de la Méditerranée, gagnaient le Sokoto et les Aoussa.

Ils ont la réputation d'être batailleurs, querelleurs par amour particulier de la guerre, du sang et du carnage. Ils ont à peu près tous leurs voisins, victimes de leurs déprédations, en particulier les Bérabich au Nord de Tombouctou, que leur commerce de convoyeurs oblige à se disperser.

Les Hoggars, protégés par leurs montagnes, n'ont pas à redouter l'enlèvement de leurs familles et de leurs troupeaux. Ils sont redoutables au contraire, parce que, sans inquiétude pour ceux des leurs qu'ils abandonnent, ils peuvent aller porter au loin la ruine et la désolation.

A noter chez eux l'influence des marabouts Kounta. Le marabout Sidi-Ahmed-el-Bakay passa chez eux une partie de sa jeuneusse, ils obéissent, paraît-il, de nos jours à la parole d'un de ses descendants Abidine-El-Bakay, et font cause commune avec la fraction Kounta des Oulad-el-Hammal.

Tribus arabes. — Les deux grandes tribus arabes de la région Nord sont les Bérabich et les Kounta, nombreuses et puissantes toutes les deux, la première par son commerce, l'autre par l'influence religieuse et la réputation de sagesse qu'elle a su s'acquérir.

1o *Les Bérabich.* — Les Bérabich forment une grande tribu dont le terrain de parcours est généralement connu sous le nom d'Azaouad, entre Taoudèni au Nord, Mabrouck à l'Est, El-Akla à l'Ouest, Tombouctou au Sud.

Cette tribu est essentiellement nomade ; sa principale richesse consiste en troupeaux de chèvres et de moutons et aussi de chameaux.

Les Bérabich ne s'adonnent pourtant pas exclusivement à l'élevage des troupeaux ; ils font un commerce important entre Taoudeni, Araouan et Tombouctou, l'échange du mil et du sel.

Les Bérabich ont tous leurs intérèts à Tombouctou ; leur interdire l'accès de la ville serait leur enlever, à peu près tous leurs moyens d'existence. Ils en sont donc les tributaires obligés et leurs troupeaux paissent dans les environs pendant la saison sèche.

Dès notre arrivée à Tombouctou, les Bérabich se sont mis sous notre protection et nos relations avec eux ont toujours été bonnes ; certaines de leurs fractions, les N'Gouanines par exemple nous ont fourni des émissaires, des chameliers et même des contingents armés (contre les Kel-Temoulaï, juin 1894 ; contre les Hoggars, mars 1896).

Leur chef, Mohammed-Ould-Mohammed campe ordinairement du côté de Tintahoun ou de Boudjebeha ; il ne s'est jamais présenté à Tombouctou, mais il a exercé une influence pacificatrice considérable sur les chefs des autres tribus qui l'ont consulté, notamment Sakhaoun, chef des Igouadaren.

Les Bérabich se divisent en un nombre considérable de groupes ; quelques uns ne sont que des arabes mélangés à des noirs du Soudan.

Principales fractions. — Parmi les premiers, on peut citer quelques noms : El-Nasra, Oulad-bou-Hanta, Touaché, Dourchan, Is, Tachouot, Rhegar, Yataz, Eskakna, Mouchila, Oulad-Bat, Hassali, N'Gouanines.

On ne connaît le nombre de leurs tentes que d'une façon très approximative ; il est sans doute supérieur à 1,500.

Les Bérabich sont armés de fusils ; peu guerriers ils savent néanmoins réprimer les pillages continuels des Touareg. Leurs principaux ennemis sont les Allouch ; les Bormoz fraction dissidente des N'Gouanines, en guerre déclarée avec eux ; enfin les Hoggars qui s'attaquent à leurs caravanes et à leurs troupeaux.

2o *Les Kountas.* — Les Kountas, essentiellement nomades, sont dispersés un peu partout. On les trouve au Nord de la région

Mabrouck, où ils se livrent au commerce par caravanes avec le Touat et Tombouctou ; à l'Est, dans l'Adghard où leur chef habite le village de El-Hillé ; au Sud, dans l'Aribinda où ils font de la culture et où ils sont les plus nombreux.

Le Gourma n'est pourtant pas le pays d'origine des Kountas qui habitaient autrefois Tombouctou et ses environs immédiats. Une de leur plus illustres familles, celle des Bakay prétend descendre du grand conquérant arabe Ogba, son arrivée à Tombouctou date de l'époque de prosélytisme religieux qui amena les Almoravides jusqu'au centre de la Nigritie.

Les Bakay y conservèrent leur influence, depuis le XIIe siècle jusqu'à nos jours, exerçant leur autorité de marabouts sur les tribus arabes de l'Azaouad les maures du Sénégal et la plupart des grandes tribus Touareg, y compris Aouellimiden et Hoggars.

Ils émigrèrent à la suite de dissensions survenues entre eux et les Iguellad, qui leur firent perdre une grande partie de leur influence religieuse dans la contrée.

Les Kountas se divisent en un certain nombre de fractions dont les principaux sont :

Divisions. — Les Ezgageda, les Oulad-el-Oualfi, les Oulad-Sidi-Mochtar, les Togat, les Oulad-el-Hemmal. Leur chef est Ouarata, l'homme d'action de la tribu est Abidine-el-Bakay, fils de Sidi-Ahmed-el-Bakay, le même qui fit bon accueil à Barth.

Si certains Kountas demandent à vivre en paix avec nous, il en est de plus remuants, surtout ceux de la région de Mabrouck, qui guident les pillards Aouellimiden et Hoggare dans leurs rezzous.

Abadin-el-Bakay aurait pris part à l'incursion des Hoggars chez les Bérabich (mars 1896) il appartient aux Oulad-el-Ouafi.

Autres tribus arabes en rapport avec Tombouctou. — Il existe d'autres tribus maures en rapport avec Tombouctou, quoique fréquentant peu cette ville :

1o *Les Tormoz*, appartenant à la tribu des Bérabich, de la fraction des N'Gouanines. Mais complètement dissidents, ils ont fait cause commune avec les Kel-Antassars. A la suite de la soumission de ces derniers, ils se sont retiré sur la route de Bassikounou où Lenz les avaient déjà rencontrés.

A notre arrivée, leurs campements étaient autour de Bankor, sur le lac Faguibine. Ils peuvent fournir une trentaine de cavaliers.

2o *Les Allouch.* — Ce sont d'irréductibles pillards, ennemis acharnés des Bérabich. Tranquilles autour de Sokolo, ils réservaient leurs exactions pour la région Nord de Sompi à Tombouctou, généralement conduits par le scheikh Sidi-Ould-Hanoumi,

3o *Les Ousra.* — Nomades pacifiques s'occupent d'élevage et du commerce par caravanes. Tout terrain de parcours était encore l'an dernier la région au Nord du lac Faguibine, entre Raz-el-Mâ et Araouan. Ils eurent le tort de prêter ou de vendre des chameaux aux Kel-Antassars ainsi que le prouvaient nos prises sur ces derniers. Ils ont demandé au commencement de 1896 à rapprocher de Tombouctou le gros de leurs tentes.

4º. *Les Deilouba.* — Tribu de maures marabouts, campés au Sud de la route de Bassikounou à Raz-el-Mâ, ayant ses limites aux 4 puits de Graïnati, Adat, Bir-Arneb et Tougandouz, ils n'ont pas d'armes et paient tribut aux Tormoz et Allouch pour assurer leur sécurité. Leur chef s'appelle Mounati ; il est entré en relations avec le poste de Sompi, en février 1896.

Les Iguellad. — On peut comprendre sous le nom d'Iguellad tous les nomades d'origine berbère, croisés d'arabes, qui parcourent le pays entre Raz-el-Mâ, Sompi, Goundam, Tombouctou et Tagane (Point d'eau).

Parmi eux, il en est beaucoup qui ne sont ni pillards, ni combattants. Certains ne portent pas d'armes et exercent une certaine influence religieuse sur les Touareg.

Kel-Antassars. — Les guerriers, ceux qui vivent de pillages, portent le nom de Kel-Antassar, ils occupent surtout les rives Nord et Sud du lac Faguibine, à Farasch, Tuakim, Raz-el-Mâ, N'Boussa.

Leur chef nommé N'Gouna exerçait sur sa tribu, avant sa soumission définitive une énorme influence. Par sa résistance opiniâtre à notre conquête, il était devenu pour tous les fanatiques musulmans, le défenseur du Coran, un grand marabout en même temps qu'un grand chef, heureusement, les chefs de tribus, ses voisins ne lui prêtèrent que leur appui moral.

Poursuivis par une vigoureuse offensive, les Kel-Antassars éprouvèrent échec sur échec. Ruinés et démoralisés, ils se décidèrent à déposer les armes, même en sacrifiant leur chef.

Ils comprenaient un grand nombre de fractions obéissant à plusieurs chefs secondaires, tels que Loudag (alouda), frère de N'Gouna, Djeddou, etc.

Les Kel-Antassars proprement dits sont depuis longtemps dans la région de Faguibine ; ils ont leurs campements surtout au Nord du lac, leurs villages au Sud, N'Boussa, Bitagongo, Toukabougo, leurs lougans (terre de culture) à Bankoré et autour de la mare de Tuakim qui peut leur fournir chaque année plus de *300 tonnes* de mil. La destruction de leurs récoltes, en octobre 1895, a plus fait pour leur soumission que les pertes sensibles qu'ils avaient éprouvées en guerriers ; il ne leur restait plus qu'à déposer les armes, ou à mourir de faim, le marché de mil du Soudan leur étant fermé depuis l'occupation de Sompi.

Les Kel-Antassars passent pour pauvres, la tribu possède bien des chèvres, des moutons et quelques bœufs, mais elle a peu de vassaux et de Bellahs, elle n'a point de chevaux, les guerriers sont généralement montés à chameaux, dont elle possède un très grand nombre.

Les Kel-Antassars peuvent mettre sur pied un grand nombre de guerriers supérieur à celui des Tenguériguiffs ; mais leur dispersion habituelle et le peu de ressources du pays où ils vivent ne leur permettent pas de gros rassemblements. Ils sont d'une bravoure et d'une endurance exceptionnelles, mais aussi cruels et fanatiques. Les noirs de la région de Tombouctou ont eu beaucoup à en souffrir.

On les divise en plusieurs fractions dont voici les noms :

Alal-Hammada, à laquelle appartient le chef N'Gouna, Kel-Aghezaf, Kel-Tenboukra-Inabalékh, Kel-Inakaouat, Kel-Ingouynia, Kel-Arouyi, Kel-Benthousy, Kel-Neticher, Kel-Abaida, Inataben, Tiab, Kel-Daoukoré, Kel-Tabirimel.

En ce moment, la soumission des tribus est générale, N'Gouna reste seul avec quelques fidèles, les Kel-Antassars ont élu pour chef son frère Ima-Ellal et paraissent décidés à cesser leurs pillages.

Au reste, comme les Tenguériguiff, ils vont se trouver étroitement enserrés, Sompi surveille les vassaux qui ont leurs terrains de parcours dans le Aoussa-Katawal, Raz-el-Mâ, maintenant occupé et Bankoré qui le sera peut-être aussi, tiendront en respect le gros de la tribu.

Il faut attacher une *grande importance* à cette tranquilité des Kel-Antassars, c'est d'elle que dépend presque exclusivement, à notre avis, le développement des cultures dans la riche vallée du marigot de Goundam, dans les plaines du Killi et du Kissou, et par suite la richesse agricole de la region Nord.

Kel-Antassars de l'Est. — Ils sont plus connus dans le pays sous le nom de Ahl-Hellaye, du nom de leur chef Ibrahim-ben-Hellaye, petit cousin de N'Gouna. Ils ont prêté un certain concours à leurs parents de l'Ouest et intercepté un moment toutes les caravanes venant du Nord.

Menacés d'une intervention directe de notre part, les Kel-Antassars de l'Est sont venus faire leur soumission. Ils apportent à Tombouctou du riz qu'ils échangent avec du mil.

Le frère de leur chef a une grande influence religieuse.

Tribus originaires des Iguellad. — En dehors de la tribu des Kel-Antassars, il existe dans la région de Tombouctou un certain nombre de tribus originaires comme celle des Iguellad, mais ayant leurs campements bien distincts. La plupart sont composées de nomades religieux, en tous cas pacifiques, se consacrant à l'élevage et renfermant un nombre assez grand de lettrés.

Parmi elles, il faut citer :

1º Les Kel-N'Chéria, généralement campés au Nord de Goundam, entre le marigot du même nom et les montagnes du Télé. Leur chef s'appelle Imelell-ben-Doudou ; ils ont beaucoup de bœufs et ont été même suspects d'avoir donné asile aux bœufs de N'Gouna, menacés d'être enlevés par nos reconnaissances ; ils sont pacifiques mais ne nous cèdent pas volontiers le bétail (50 tentes environ) ;

2º *Les Kel-N'Koundar.* — Habitent surtout la région de Tagane, à l'Est. Ils sont beaucoup en relations avec Tombouctou où ils ont de nombreux captifs.

Un groupe d'entre eux campe à côté des Kel-N'Chéria, sur le chemin de El-Maçarah à Faräsch ; il y a de très beaux troupeaux de bœufs. Son chef est Djeddou, d'ailleurs pacifique, mais qui, en réalité, a toujours favorisé les opérations de N'Gouna qui le tenait à sa merci (50 tentes environ).

3º *Les Ahl-Sidi-Ali.* — Habitent à l'Est de Tombouctou pendant la saison sèche, jusque dans la région de Hessiane aux hautes eaux. Ils sont d'un caractère essentiellement religieux et n'ont même pas d'armes, de sorte qu'ils sont à la merci des pillards venus de l'Est et du Nord.

Les Alloueb, les Hoggars les ont pillés à plusieurs reprises ; ils ont de beaux troupeaux de moutons et un grand nombre d'ânes. Ils comprennent une centaine de tentes environ, chef Mohammed-El-Bockari ;

4º *Les Kel-Aoussa.* — Originaires des Iguellad, ils vivent complètement à l'écart depuis un temps très long. Leur langue est le tamachek. Ils furent les serviteurs dévoués des Bakay, au temps de leur influence ; ils ont lié leur sort maintenant à celui des Tenguériguiff.

Les fractions qui composent la tribu sont :

Kel-Aoussa, Kel-Tagamart, Kel-Tabakat, Kel-Taberougis, Kel-Télé, Kel-Igabé.

Elles forment un groupe d'environ 150 tentes, dressées surtout autour du Fati et au Nord de ce lac, vers le Télé ; leurs troupeaux aux eaux basses passent souvent dans l'île Koura.

Ce sont des religieux nomades qui ne demandent qu'à vivre en paix. Leur chef, successeur de Saïd-ben-Faké, est Illghaye-Oula.

Un groupe de Peulhs, nommé Chanaien, reconnaît Oula pour leur chef.

Autres tribus. — *Les Cheurfiga.* — Les Cheurfiga, connus aussi sous le nom de Icherifen, sont campés dans la région du Killi, d'origine berbère, leur langue maternelle est le tamachek, mais ils parlent presque exclusivement le songhay. Ce sont des religieux pasteurs et cultivateurs.

Ont peut les diviser en deux groupes obéissant au même chef Boukiri :

1º Les nomades comprennent :

Kel-Telé,
Kel-Fati,
Kel-Djebarou,
Chemamaraten,
} chef Alfaga,

dans la région comprise entre Tendirma et la pointe Nord du lac Fati ; leurs bellahs sont installés dans les villages du chef peulh, Alé-Kabara, à Korongo et à Mékoré ;

2º *Les sédentaires.* — (C'est-à-dire qu'ils ont des points fixés, qu'ils quittent rarement et où il leur arrive de construire des cases en paille).

Ils comprennent quatre fractions principales connues par les noms de leurs chefs :

Hamma-Hamado,
Hamma-Cheurfi,
Hamma-Hamoun,
Boukiri.

Boukiri est le chef de l'ensemble des Cheurfiga ; ses huttes de paille et ses tentes sont dans la région de Dinguihondo, au Sud et à l'Est de Douékiré.

Kel es Souk et Kel-Oullé, chef Modi. — Campés au bord du fleuve, entre Imellal et Houa ; ce sont des religieux pacifiques, originaires des Igouadaren. Ils forment en tout un groupe d'une centaine de tentes.

TABLEAU comprenant les tribus nomades de la région de Tombouctou.

A. — Tribus touareg.

a. — *Confédération des Tademeket :*

		Campement.
1º Les Tenguériguiff ; chef Chaboun, fraction (dit Sobo).	Tellimidés. Ihimel. Arkasidy. Inikeren. Ibgaouen. Tenguériguiff.	Dans la dépression du Daouna, entre le Faguibine et les lacs de la rive gauche du Niger.

Leurs vassaux.

		Campement.
Les Imidedgen ; chef Mohamed-Oud-Toughami.	1er groupe. — Chef Aga-khamé.	A l'Ouest de Tombouctou vers Tingue-rodel et El-Maçarah.
2° Les Kel-Temoulaï; chef Aberdi.	2e groupe. — Chef Sied.	*Campement.* Au Nord du Fati, entre ce lac et le Horo, campés en aval de Kabara, sur les deux rives du fleuve, aux environs de Didi.
3° Les Irrégana-ten ; Assahim-ben Mesbouch, chef.	Ont sous leur protection les Chiouch ; Chef : Zahnoun-ben-Mozak.	*Campement.* Terrains de parcours le Gourma.

b. — Touareg de l'Est.

		Campement.
1° Les Igouada-ren ; chef Sakha-oun.	Aoussa, Sakhaoun : Kel Guelgouby. Terbanassen. Kel Agherghart. Ahl-Silla. Kel Hekiham. Ouraghen.	Campés au Nord du Niger (rive gauche), à l'Ouest d'Immelal.
	Aribinda (Sakib) : Haké-Takaïn. Taggagarat. Fertettane. Ideghouanen.	Au Sud du Niger (rive droite).
2° Les Aouelli-miden.	Incursions dans la région de Tombouctou.	*Campement.* Campés dans le massif de l'Adgagh, à l'Est de Gogo.

c. — Touareg du Nord.

Les Hoggars.	Incursions sur la route d'Araouan.	*Campement.* Campements dans le massif de Ahaggar, au Sud-Est d'In-Salah.

B. — Tribus arabes.

Fractions principales.

1° Les Bérabich; chef Mohammed-Ould-Mohammed.	El-Nasra. Oulad-bou-Hanta.	*Campement.* Campés dans l'Azaouad de Taoudeni à Tombouctou.
1° Les Bérabich; chef Mohammed-Ould-Mohammed.	Touache. Dourchan. Is. Tachouot. Rhegar. Yataz. Eskakna. Mouchila. Oulad-Bat. Hassali. N'Gouanines.	*Campement.* Campés dans l'Azaouad, de Taoudeni à Tombouctou.
2° Les Kounta; chef Ouarata; marabout Abidine-el-Backay.	Les Ezgageda. Les Oulad-el-Ouali. Les Oulad-Sidi-Mochtar. Les Togat. Les Oulad-el-Hemmal.	*Campement.* Région de Mabrouck, dans l'Adghagh et le Gourma.
3° Les Tormoz, fraction complètement dissidente des Bérabich.	Viennent piller aux environs de Tombouctou.	*Campement.* Entre Raz-el-Ma et Bassikounou.
4° Les Allouch; chef particulier de guerre Sidi-Ould-Hanoum.	Viennent piller autour de Sompi.	*Campement.* Entre Bassikounou et Sokolo.

5º Les Ousra.	Se rapprochent de Tombouctou.	*Campement.* Au Nord de Tuakim, entre Raz-el-Mâ et Araouan.
6º Les Deïlouba; chef Mounati.	Maures religieux viennent à Sompi.	*Campement.* Au Sud de la route de Bassikounou à Raz-el-Mâ.

c. — *Les Iguellad.*

1º Les Kel-Antassars; ancien chef N'Gound, nouveau chef M'Ellah.	Alal-Hammada. Kel-Aghezal, Kel-Temboukra. Inaballekh. Kel-Inakaouat. Kel-Ingouynia. Kel-Arouyî. Kel-Benthousy. Kel Néticher. Kel-Abaïda. Inataben. Tiab. Kel-Daoukoré. Kel-Tabirimel.	*Campement.* Région du Faguibine-Aoussa-Katawal.
2º Kel-Antassars de l'Est; chef Ibrahim-ben-Hellaye.		*Campement.* A trois jours de marche environ dans le Nord-Est de Tombouctou.
3º Kel-N'Chéria d'Est; chef Imellel-ben-Doudou.		*Campement.* Campés au Nord de Goundam, vers Dongoï.
4º Kel-N'Koundar; chef Djéddou.		*Campement.* Sur la rive Nord du marigot de Goundam.

5º Kel-Aoussa ; chef Illghaye-Oula.	Kel-Aoussa. Kel-Tagamrat. Kel-Tabakat. Kel-Tahérougis. Kel-Telé. Kel-Igabé.	*Campement.* Campés autour du Fati, au Nord de ce lac et près du l'élé.

Autres tribus.

Les Cheurfiga ; chef Boukiri.	Nomades ; chef Alfaga : Kel-Telé. Kel-Fati. Kel-Djébarou. Chemamaraten. Sédentaires : Hama-Hamado-Cheurfi. Hamoun. Boukiri.	*Campement.* Campés au bord du Fati, dans le Rellé et à l'Ouest du Kissou.
Les Kel-Es-Souk; chef Modi, et les Kel-Oullé.	Nomades religieux.	*Campement.* Sur les rives du Niger, entre Imellal et Houa.

Les Touaregs.

Les Touaregs se divisent en quatre grandes fédérations :
Les Azdjar au Nord-Est ;
Les Hoggar ou Ahaggar au Nord-Ouest ;
Les Kel-Oui dans le massif d'Air ou d'Asben au Sud-Est ;
Les Aouellimiden au Sud-Ouest.

Quoique quelques-uns d'entre eux revendiquent une origine arabe, ils sont très probablement en réalité de race berbère et c'est sans doute parmi les Touaregs du Nord Azdjar et Hoggar, préservés par la région des dunes de l'invasion arabe, par leurs frères du Sud du contact du monde noir, que l'on retrouve le type berbère dans toute sa pureté.

Ils sont généralement de haute taille, maigres et nerveux. Enfants, ils ont la peau très blanche et prennent avec l'âge un teint plus ou moins bronzé. Chez les Touaregs du Sud, le sang noir s'est souvent mélangé dans leurs veines au sang berbère, mais sans altérer le type caucasique de la race : la face souvent ovale et allongée, le front large, les yeux grands et bien fendus, le plus souvent noirs, parfois bleus, le nez aquilin, les lèvres fines, la barbe rare, les cheveux lisses. Ils ont les mains et les pieds petits, les attaches très fines, et il est très rare qu'un Européen puisse passer la main dans le bracelet de cuir de leurs sabres. Les femmes sont belles, ont des yeux superbes, mais sont le plus souvent alourdies par un embonpoint précoce.

Leurs qualités morales sont plus discutables. Longtemps les voyageurs qui avaient été en contact avec les Touaregs du Nord surtout, s'étaient plu à leur reconnaître la bravoure, le respect des hôtes, la fidélité à la parole donnée, la loyauté. A vrai dire, Henri Duveyrier, un de leurs plus chauds partisans prend soin d'ajouter que chez eux, comme chez tous les musulmans, la fidélité à tenir leurs promesses est subordonnée à la volonté de Dieu. Dans la pratique, cela permet bien des actes déloyaux (comme ces dattes empoisonnées présentées aux malheureux survivants de la mission Flatters).

Il faut reconnaître, du reste, qu'il nous est actuellement impossible de juger en connaissance de cause et sans parti pris les Touaregs de la région de Tombouctou. Nous sommes venus chez eux en conquérants, il y a deux ans à peine. Devant la puissance de nos armes, ils ont fait leur soumission, presque tous, mais sous la tente, dans leurs solitudes ils restent impénétrables. Pas un de leurs chefs n'est venu à Tombouctou ; nous ne les connaissons pas. Dès aujourd'hui cependant, il faut leur reconnaître la bravoure et l'amour de l'indépendance. Accepteront-ils jamais notre joug ? Leurs déserts de sable improductifs les condamnent-ils à chercher dans le pillage les ressources qui leur sont nécessaires pour vivre ? Cette théorie spécieuse ne peut en tous cas s'appliquer aux Touareg de la région de Tombouctou, pour lesquels leurs troupeaux constituent une véritable richesse et qui pour les faire vivre sont forcés de rester à proximité de l'eau. Les tribus touaregs comprennent trois castes distinctes, savoir :

1° Les Touaregs de race pure formant la noblesse guerrière ;

2° Imghad ou vassaux ;

3° Le Billat ou esclaves (qui sont des noirs).

Les nobles Ihaggaren, défendent le territoire de parcours de la tribu et en font la police, c'est-à-dire qu'ils rançonnent les caravanes qui le traversent, et leur servent de convoyeurs, une fois qu'elles ont acquitté ces droits dits de protection. Entre temps, ils font des razzias sur les territoires des tribus ennemies. Tout travail manuel est considéré par les nobles comme indigne.

Pendant que ces derniers voyagent, pillent, combattent, les Imghad se livrent à la culture et à l'élevage. Ils sont très rarement maltraités par les nobles qui ont intérêt à ce que leurs vassaux soient riches, puisqu'ils puisent eux-mêmes dans leurs richesses. En général, les Imghad sont aussi fiers d'être touaregs que les nobles et en temps de guerre, ils combattent côte à côte, prennent part aux rezzous. Ils sont d'ailleurs, toujours armés de deux ou trois lances et du sabre court fixé par un bracelet de cuir au poignet gauche.

Les Billat sont des noirs enlevés ou achetés aux caravanes du Soudan. Leur condition est plus malheureuse que celle des captifs du Sénégal et du Soudan.

Les liens de famille sont très forts chez les Touaregs pour diverses causes.

Les Touaregs n'ont qu'une femme, il peuvent, il est vrai, divorcer.

La femme est l'égale de l'homme. Elle reçoit une certaine instruction, dispose de sa main, le père n'intervient que pour empêcher une mésalliance. Elle gère sa fortune personnelle, sort librement et non voilée, et jouit parfois d'une certaine influence dans les conseils de la tribu. Elle s'occupe exclusivement de ses enfants qui lui appartiennent plus encore qu'à son mari, puisque c'est son sang et non le sien qui leur confère leur rang dans la famille, dans la tribu, dans la société. L'enfant, en effet, chez les Touaregs, suit le rang de la mère, le fils d'un père esclave ou serf et d'une femme noble est noble ; le fils d'un père noble et d'une femme serve est serf ; le fils d'un père noble et d'une esclave est esclave. Un proverbe targui dit : « C'est le ventre qui tient la peau ».

Dans certaines tribus même, l'importance attachée à la filiation maternelle est telle que pour certains biens l'héritage ne revient pas au fils mais au fils aîné de la sœur aînée. Ces tribus s'appellent Beni-Oummia, tandis que celles qui ont adopté la succession paternelle selon le Coran, portent le nom de Ebna-Sid.

Les Beni-Oummia distinguent deux sortes de biens : les biens légitimes acquis par le travail individuel, tels que argent, armes, esclaves, troupeaux, récoltes ; et les biens illégitimes conquis les armes à la main, conquis et conservés collectivement par tous les membres actifs de la famille. Ce sont les droits coutumiers perçus sur les caravanes et les voyageurs, les droits de protection sur les tribus vassales, les droits territoriaux, le soltno ou droit de commander et d'être obéi. A la mort d'un chef de famille, les biens légitimes sont divisés par parts égales entre tous les enfants sans distinction de primogéniture ou de sexe. Cette pratique est observée dans toutes les classes de la société targui ; nobles, marabouts, tributaires ou serfs. Quant aux biens illégitimes, apanage exclusif de la noblesse, ils reviennent sans division ni partage au fils aîné de la sœur aînée.

D'après Duveyrier, les maures Kounta et Tadjakant sont Beni-Oummia, tandis que les Aouellimiden sont Ebna-Sid, et comme nous l'avons vu, il entend par Aouellimiden tous les Touaregs du Sud-Ouest, c'est-à-dire toutes les tribus de Tombouctou.

Les Touaregs sont généralement vêtus de guinée bleue, ils portent une longue blouse fixée à la taille par une ceinture, un pantalon long et large à la façon des anciens gaulois, parfois d'épaisses sandales en cuir de chameau. Le signe distinctif de leur costume est le voile (litham) dont il se cachent le visage jusqu'aux yeux. Une partie couvre la tête en sorte de turban souvent fixée par une boucle de cuivre et s'abat en avant comme une visière. Cette coiffure qui ne laisse apercevoir que deux yeux menaçants aux reflets métalliques leur donne un aspect très farouche. Les Touaregs ne quittent jamais leur voile, ni en voyage, ni au repos, pas même pour manger ou pour dormir, on ne sait trop quelle origine donner à cette coutume. Le voile, il est vrai, est hygiènique et préserve les yeux de l'action trop intense du soleil, et la bouche de la poussière et des sables. Mais le Targui regarde surtout le port du voile comme une question de convenance et de dignité.

Les armes des Touaregs sont la lance en fer haute de 2^m 50 à 3 mètres qui mesure 4 centimètres de circonférence. Cette arme est redoutable et est munie comme les harpons de crochets qui rendent les blessures le plus souvent mortelles.

Les lances de jet ou sagaies sont en bois, à fer plat, et à talon de fer. Ils en ont toujours deux ou trois qu'ils lancent avec une adresse remarquable au moyen d'un petit doigtier, le grand sabre droit à poignée en croix, le sabre court fixé au poignet gauche par un bracelet de cuir et qui ne les quittent jamais.

Comme armes défensives, ils ont un grand bouclier de peau

blanche. Les armes à feu sont excessivement rares parmi eux alors que les maures, au contraire, en possèdent beaucoup.

Chose remarquable chez un peuple musulman, leurs sabres de toutes sortes, les pommeaux de leurs selles sont en forme de croix.

Leur monture habituelle est le cheval et surtout le chameau.

La guerre ou pour mieux dire, le pillage est leur industrie nationale. La fuite et la surprise constituent leur tactique favorite; avertie par ses éclaireurs de marche de l'ennemi, la tribu fuit, abandonnant ce qu'elle possède. Puis quand elle a réuni ses vassaux, ses alliés, elle tombe sur l'ennemi alourdi par le butin qu'il a fait. C'est dans ces retours offensifs que les Touaregs sont le plus à craindre. Un de leurs vieux chants de guerre dit :

> Les Touaregs savent partir de bon matin et marcher la nuit;
> Ils savent surprendre dans son lit un homme couché,
> Surtout celui qui dort au milieu de ses troupeaux agenouillés,
> Ils le clouent sur la terre de leur lance pointue.

Nous ne savons que peu de chose sur l'histoire des Touaregs du Sud. Ce fut vers 1640 que les trois tribus connues sous le nom de Tademeket, chassés de l'Adrar par les Aouellimiden, vinrent s'établir dans la région de Tombouctou. Vers la fin du XVIIIe siècle, tout le pays qui s'étend sur les deux rives du Niger, entre l'extrémité orientale du massif de l'Adrar au Nord-Est, Gogo au Sud-Est, Safay au Sud-Ouest et Raz-el-Mâ au Nord-Ouest, était soumis à l'influence de six tribus Touareg. Ces tribus qui occupaient encore ce territoire au moment de notre arrivée à Tombouctou portent le nom d'Iguellad, Tenguériguiff, Irrégenaten, Kel-Temolai, Igouadaren et Aouellimiden. Les quatre premières installées à proximité de Tombouctou exerçaient une influence directe sur cette ville et étaient maîtresses des routes qui y conduisent, les deux autres n'avaient avec elles que des relations lointaines. De tous temps les Iguellad, Tenguériguiff, Irrégenaten, Kel-Temoulai ont été en relations. Les premiers ont conservé sur les autres une certaine influence religieuse. Ce ne sont sans doute pas des Touaregs, mais des arabes vivant à la façon des Touaregs. Les deux autres groupes sont issus d'un même ancêtre et portent le nom générique de Tademeket. Ils ont toujours été alliés, mais les Tenguériguiff étaient les plus belliqueux et les plus puissants.

Quant aux Aouellimiden et Igouadren, ils vivaient depuis longtemps loin des Tademeket, mais ils conservaient sur eux une autorité due à leur force et en recevaient un tribut annuel.

SAINT-LOUIS (Sénégal). — Imprimerie du Gouvernement.

4

www.ingramcontent.com/pod-product-compliance
Lightning Source LLC
Chambersburg PA
CBHW070939280326
41934CB00009B/1941